Arnulf Deppermann

Gespräche analysieren

Qualitative Sozialforschung
Band 3

Herausgegeben von

Ralf Bohnsack
Uwe Flick
Christian Lüders
Jo Reichertz

Die Reihe Qualitative Sozialforschung
Praktiken – Methodologien – Anwendungsfelder

In den letzten Jahren hat vor allem bei jüngeren Sozialforscherinnen und Sozialforschern das Interesse an der Arbeit mit qualitativen Methoden einen erstaunlichen Zuwachs erfahren. Zugleich sind die Methoden und Verfahrensweisen erheblich ausdifferenziert worden, so dass allgemein gehaltene Orientierungstexte kaum mehr in der Lage sind, über die unterschiedlichen Bereiche qualitativer Sozialforschung gleichermaßen fundiert zu informieren. Notwendig sind deshalb Einführungen von kompetenten, d. h. forschungspraktisch erfahrenen und zugleich methodologisch reflektierten Autorinnen und Autoren.

Mit der neuen Reihe soll Sozialforscherinnen und Sozialforschern die Möglichkeit eröffnet werden, sich auf der Grundlage handlicher und überschaubarer Texte gezielt das für ihre eigene Forschungspraxis relevante Erfahrungs- und Hintergrundwissen über Verfahren, Probleme und Anwendungsfelder qualitativer Sozialforschung anzueignen.

Zwar werden auch grundlagentheoretische, methodologische und historische Hintergründe diskutiert und z. T. in eigenständigen Texten behandelt, im Vordergrund steht jedoch die Forschungspraxis mit ihren konkreten Arbeitsschritten im Bereich der Datenerhebung, der Auswertung, Interpretation und der Darstellung der Ergebnisse.

Arnulf Deppermann

Gespräche analysieren

Eine Einführung

4. Auflage

VS VERLAG FÜR SOZIALWISSENSCHAFTEN

Bibliografische Information der Deutschen Nationalbibliothek
Die Deutsche Nationalbibliothek verzeichnet diese Publikation in der
Deutschen Nationalbibliografie; detaillierte bibliografische Daten sind im Internet über
<http://dnb.d-nb.de> abrufbar.

4. Auflage 2008

Alle Rechte vorbehalten
© VS Verlag für Sozialwissenschaften | GWV Fachverlage GmbH, Wiesbaden 2008

Lektorat: Frank Engelhardt

VS Verlag für Sozialwissenschaften ist Teil der Fachverlagsgruppe
Springer Science+Business Media.
www.vs-verlag.de

Das Werk einschließlich aller seiner Teile ist urheberrechtlich geschützt. Jede Verwertung außerhalb der engen Grenzen des Urheberrechtsgesetzes ist ohne Zustimmung des Verlags unzulässig und strafbar. Das gilt insbesondere für Vervielfältigungen, Übersetzungen, Mikroverfilmungen und die Einspeicherung und Verarbeitung in elektronischen Systemen.

Die Wiedergabe von Gebrauchsnamen, Handelsnamen, Warenbezeichnungen usw. in diesem Werk berechtigt auch ohne besondere Kennzeichnung nicht zu der Annahme, dass solche Namen im Sinne der Warenzeichen- und Markenschutz-Gesetzgebung als frei zu betrachten wären und daher von jedermann benutzt werden dürften.

Umschlaggestaltung: KünkelLopka Medienentwicklung, Heidelberg
Druck und buchbinderische Verarbeitung: Krips b.v., Meppel
Gedruckt auf säurefreiem und chlorfrei gebleichtem Papier
Printed in the Netherlands

ISBN 978-3-531-14693-5

Inhaltsverzeichnis

1. Zur Aufgabe einer gesprächsanalytischen Methodik 7
2. Fragestellungen der Gesprächsforschung 13
2.1 Vielfalt und Einheit gesprächsanalytischer Fragestellungen 13
2.2 Die Entwicklung der Forschungsfragestellung 18
3. Datenaufnahme 21
4. Aufbereitung des Datenmaterials zur Analyse 31
4.1 Erstellen von Gesprächsinventaren 32
4.2 Näherbestimmung des Untersuchungsziels und Selektion von Analyseausschnitten 35
5. Transkription 39
5.1 Zweck des Transkribierens 39
5.2 Transkriptionssysteme 41
6. Gesprächsanalyse 49
6.1 Analysebeginn 51
6.2 Analysegesichtspunkte: Detaillierte Sequenzanalyse am Einzelfall 53
6.3 Analyseziele: Das ‚Wie' und das ‚Wozu' von Gesprächspraktiken 79
6.4 Analyseressourcen: Hintergrundwissen und Variationsverfahren .. 84
6.5 Analysevertiefung: Fallübergreifende Analyse 94
7. Gütekriterien für Gesprächsanalysen 105
8. Literatur 111
Anhang: Das gesprächsanalytische Transkriptionssystem 119
Sachregister 123

1. Zur Aufgabe einer gesprächsanalytischen Methodik[1]

Seit dreißig Jahren hat sich die Gesprächsforschung zu einem produktiven Forschungszweig entwickelt. Sie hat vor allem der Linguistik, der Soziologie und der Anthropologie neuartige Forschungsfelder eröffnet und Perspektiven auf alte Probleme verändert. Kein anderer wissenschaftlicher Ansatz hat sich mit solcher Konsequenz der Forderung angenommen, das Alltagsleben zu erforschen, welches ja zum allergrößten Teil aus Gesprächsereignissen besteht, sei es in der Familie, im Beruf oder in der Freizeit. Der Vielzahl von Untersuchungen und Erkenntnissen steht jedoch ein eigentümliches Defizit an methodischer Reflexion gegenüber. Es sind allenfalls rudimentäre methodische Standards zu erkennen, drängende Fragen des wissenschaftlichen Vorgehens werden nicht diskutiert, und der Versuch, explizite Verfahrensweisen und Kriterien der Gesprächsanalyse zu erarbeiten, wurde kaum unternommen. Diese Defizite ziehen gravierende Probleme nach sich: Untersuchungen bleiben oft bei vorwissenschaftlichen Paraphrasen oder bei bloßen Illustrationen vorgefaßter Theorien durch Gesprächsausschnitte stehen, Kriterien zur Beurteilung der Güte von Untersuchungen fehlen weitgehend, und der Gesprächsforschung kann im disziplinären Kontext mit dem Argument, es fehle ihr an wissenschaftlicher Methodik, die Anerkennung verweigert werden. Den gleichen Mangel bekommen Forschende, Lehrende und Studierende zu spüren, die sich auf die Suche nach systematischen Einführungen und Überblicksdarstellungen zur Methodik der Gesprächsanalyse machen.

Dieses Defizit gründet nicht nur in Nachlässigkeit. Aufgrund ihres Empirieverständnisses (s.u.) lehnen es viele Gesprächsanalytiker ab, methodische Vorgehensweisen festzulegen. Sie verlangen, die Methodik müsse in der Auseinandersetzung mit den empirischen Gegebenheiten der jeweiligen Untersuchung entwickelt werden, und sprechen von einer „Kunstlehre", da interpretative Forschung nicht in einen festen Kanon applizierbarer Regeln zu pressen, sondern nur durch Praxis zu erlernen sei. Obwohl es sicher richtig ist, daß analysepraktische Erfahrung eine sehr wichtige Rolle spielt und daß

---

[1] Ich danke Peter Auer, Gabriele Lucius-Hoene, Klaus Neumann-Braun, Marco Rühl, Axel Schmidt, Thomas Spranz-Fogasy und Martin Hartung für Kommentare zu einer Vorfassung dieses Textes. Jutta Anna Metzger sorgte für den lektorierenden Feinschliff.

bei jedem Forschungsvorhaben spezielle methodische Aufgaben und Probleme gelöst werden müssen, ist es doch unverzichtbar, allgemeine und zugleich hinreichend konkrete methodische Vorgehensweisen zu formulieren – vorausgesetzt, man versteht sie als Ressourcen, die flexibel und reflektiert auf das jeweilige Forschungsfeld zuzuschneiden sind. Die Formulierung von gesprächsanalytischen Methoden ist m.E. *legitim*, da es mittlerweile zahlreiche Prinzipien gibt, nach denen viele erfahrene Forschern erfolgreich arbeiten – obwohl sie kaum expressis verbis kanonisiert sind –, und weil methodologische Argumente und vorliegende Erkenntnisse über Gesprächsprozesse eine stabile Basis abgeben, auf der methodische Vorgehensweisen gegründet werden können. Die Formulierung von Methoden ist außerdem *notwendig*, da sie unerläßlich für die fachliche Begründung, die Nachvollziehbarkeit und damit auch die Beurteilung von Untersuchungen sind, weil sie die analytische Sensibilität schulen und eine Handhabe zur Kontrolle der Vollständigkeit, Systematik und Korrektheit des Vorgehens bieten.

Mit dem vorliegenden Text möchte ich einen Beitrag zur Überwindung dieses Methoden-Defizits leisten. Er ist als einführender Überblick gedacht und behandelt hauptsächlich Methoden der Gesprächs*analyse*. Die meisten vorliegenden Darstellungen sind entweder methodologisch orientiert und besprechen deshalb kaum spezifische Vorgehensweisen, oder sie sind fall- und problembezogen, d.h. es wird demonstriert, wie an einem konkreten Material eine spezifische Fragestellung untersucht wurde. Dieser Text setzt anders an. Er zielt darauf ab, *allgemeine Prinzipien und Vorgehensweisen* der Gesprächsanalyse systematisch darzustellen, die in jeder Untersuchung angewendet werden können. Dies bedeutet nicht, daß jedes Gespräch nach dem gleichen Formalismus zu untersuchen sei – das wäre eine groteske Vorstellung. Der allgemeine Anspruch des Textes gründet darauf, daß es Eigenschaften gibt, die für Gespräche ganz allgemein gelten, wo auch immer und von wem auch immer sie geführt werden. Dazu gehören folgende Merkmale:

- *Konstitutivität*: Gesprächsereignisse werden von den Gesprächsteilnehmern aktiv hergestellt.
- *Prozessualität:* Gespräche sind zeitliche Gebilde, die durch die Abfolge von Aktivitäten entstehen.
- *Interaktivität:* Gespräche bestehen aus wechselseitig aufeinander bezogenen Beiträgen von Gesprächsteilnehmern.
- *Methodizität:* Gesprächsteilnehmer benutzen typische, kulturell (mehr oder weniger) verbreitete, d.h. für andere erkennbare und verständliche Methoden, mit denen sie Beiträge konstruieren und interpretieren sowie ihren Austausch miteinander organisieren.

- *Pragmatizität:* Teilnehmer verfolgen in Gesprächen gemeinsame und individuelle Zwecke, und sie bearbeiten Probleme und Aufgaben, die unter anderem bei der Organisation des Gesprächs selbst entstehen.

Erkenntnisse über diese und andere grundlegenden Eigenschaften von Gesprächen werden im vorliegenden Text methodisch gewendet. Es handelt sich also um eine *gegenstandsfundierte* Methodik, die insofern allgemein und formal ist, als sie von allgemeinen und formalen Eigenschaften von Gesprächen ausgeht, die genutzt werden können, um konkrete Fälle unter spezifischen Fragestellungen zu bearbeiten. Der Text richtet sich in gleicher Weise an Linguisten, Soziologen, Anthropologen und Psychologen, wobei an einzelnen Stellen immer wieder Schwerpunkte und Vertiefungen angegeben werden. Die methodischen Prinzipien und Vorgehensweisen sind jedoch nicht als bindendes Korsett, sondern vielmehr als „*Werkzeugkasten*" angelegt: Einzelne Angebote und Maßstäbe werden je nach Gesprächsmaterial und Fragestellung unterschiedlich relevant und brauchbar sein, und sie sind natürlich stets auf die Besonderheiten der Untersuchung zuzuschneiden (2.1. und 2.2.). Mit dem Versuch, allgemeine Prinzipien und Vorgehensweisen gerafft und auf begrenztem Raum darzustellen, geht leider ein Verlust an Anschaulichkeit einher, den unerfahrenere Leser bedauern werden. Ich hoffe, daß dieser Mangel durch Anwendungsbreite und Übertragbarkeit der dargestellten Prinzipien und Vorgehensweisen wettgemacht wird.

Wofür interessiert sich die Gesprächsanalyse? Sie will wissen, *wie* Menschen Gespräche führen. Sie untersucht, nach welchen Prinzipien und mit welchen sprachlichen und anderen kommunikativen Ressourcen Menschen ihren Austausch gestalten und dabei die Wirklichkeit, in der sie leben, herstellen. Diese Gesprächswirklichkeit wird von den Gesprächsteilnehmern *konstituiert*, d.h. sie benutzen systematische und meist routinisierte *Gesprächspraktiken*, mit denen sie im Gespräch Sinn herstellen und seinen Verlauf organisieren. Kallmeyer (1985) unterscheidet sechs Ebenen der Interaktionskonstitution. Dies sind Wirklichkeitsbezüge, mit denen sich die Beteiligten beim Führen von Gesprächen notwendigerweise befassen müssen:

- die *Gesprächsorganisation*: die formale Abwicklung des Gesprächs, z.B. seine Eröffnung und Beendigung oder die Zuweisung der Rederechte;
- die *Darstellung von Sachverhalten* (= Gesprächsthemen und -inhalte) in Form von Argumentationen, Beschreibungen und Erzählungen;
- das *Handeln*: die Ziele und Zwecke, um derentwillen das Gespräch geführt wird (z.B. Studienberatung, Streitschlichtung oder Geselligkeit);
- die *sozialen Beziehungen* zwischen den Gesprächsbeteiligten (z.B. Macht, Vertrautheit oder Sympathie) und ihre *Identitäten* (z.B. als Frau, Deutsche oder Akademikerin);

- die *Modalität* des Gesprächs: ihren Realitätsbezug (z.b. Ernst, Spaß, Spiel) und die Art der emotionalen und stilistischen Beteiligung der Gesprächspartner (z.b. Betroffenheit, Ärger, vornehme Zurückhaltung);
- die *Herstellung von Reziprozität* (= Verständigung und Kooperation) zwischen den Gesprächsbeteiligten.

Diese Ebenen hängen vielfältig miteinander zusammen. Im konkreten Gespräch werden sie natürlich nicht isoliert voneinander bearbeitet. Sie stellen aber jeweils besondere Aufgaben an die Beteiligten und bieten jeweils spezielle Möglichkeiten der Gesprächsgestaltung. Sie bilden also unterschiedliche Untersuchungsschwerpunkte, auf die man sich bei der Gesprächsanalyse konzentrieren kann. Im Zentrum stehen in jedem Falle die *Gesprächspraktiken*, mit denen die Gesprächsteilnehmer Gesprächsaufgaben, Probleme und Ziele unterschiedlichster Art und auf verschiedenen Ebenen der Interaktionskonstitution bearbeiten. Zur Explikation einer Gesprächspraktik gehört daher die genaue Darstellung, *wie* Gesprächsteilnehmer handeln, und die Rekonstruktion ihrer Funktion, *wozu* also das Handeln dient (6.3.).

Die hier vertretene Version von Gesprächsanalyse beruht im Kern auf den Erkenntnissen und der „analytischen Mentalität" (Schenkein 1978) der *Konversationsanalyse*.[2] ‚Gesprächsanalyse' und ‚Konversationsanalyse' sind an vielen Stellen dieses Texts als Synonyma zu lesen. Ich bezeichne das von mir vorgestellte Vorgehen dennoch mit dem allgemeineren Terminus ‚Gesprächsanalyse', da ich über die in der Konversationsanalyse gängigen Fragestellungen und Prozeduren hinausgehe, indem ich bspw. auch „inhaltlichere" Interessen, die Integration ethnographischer Daten, die Rolle von Variation und Kontextwissen im Forschungsprozeß oder Fragen der Generalisierung und Gültigkeit von Untersuchungen behandle. Ich ergänze daher das konversationsanalytische Gerüst durch Prozeduren der *interaktionalen Soziolinguistik*, der *discursive psychology*, der *grounded theory* und der *objektiven Hermeneutik*, soweit mir diese kompatibel erscheinen.[3]

Die Gesprächsanalyse gehört zur interpretativen bzw. qualitativen Sozialforschung (einführend: Denzin/Lincoln 1994; Flick 1995; Hitzler/Honer 1997; Mason 1996; Miles/Huberman 1994; Silverman 1993; für die Linguistik: Holly 1992). Besonders charakteristisch für die Gesprächsanalyse ist ihr

---

2 Es gibt zahlreiche Einführungen in die Konversationsanalyse, v.a. Bergmann 1981, 1988a,c und 1994; Eberle 1997; Kallmeyer 1988; Heritage 1984a; Kap.8; Levinson 1990, Kap. 6; Nofsinger 1991; Psathas 1995; Schiffrin 1994, Kap. 7; Hutchby/Wooffitt 1998. Speziell zu Aspekten konversationsanalytischer Methodik s. die Darstellungen in Bergmann 1988b; Heritage 1995; ten Have 1998; Hutchby/Wooffitt 1998; Schenkein 1978; Wootton 1989.

3 Der Ausweis der Kompatibilitäten und Unvereinbarkeiten von Aspekten der diskutierten Ansätze mit der Konversationsanalyse würde (mindestens) ein eigenes Buch füllen und kann deshalb hier nicht unternommen werden. Grundlegend sind folgende Texte: zur interaktionalen Soziolinguistik (Auer 1992; Gumperz 1982 und 1992; Schiffrin 1994, Kap. 4); zur ‚discursive psychology' (Potter et al. 1993; Potter 1996); zur ‚grounded theory' (Strauss 1991; Strauss/Corbin 1996); zur objektiven Hermeneutik (Oevermann et al. 1979; Oevermann 1983).

radikales *Empirieverständnis*. Es verlangt vom Forscher, seine Fragestellungen, Konzepte und Hypothesen *materialgestützt* zu entwickeln. Ausgangspunkt und Prüfkriterium sind die konkreten Details von Gesprächen, die möglichst naturalistisch protokolliert werden. Die Theorienbildung verläuft in der Auseinandersetzung mit authentischen, nicht eigens für Forschungszwecke arrangierten Materialien. Damit grenzt sich die Gesprächsanalyse einerseits scharf von vielen linguistischen Ansätzen insbesondere auch im Feld der linguistischen Pragmatik ab, die sich auf Intuitionen der Forscher über wohlgeformte Sätze, angemessene Sprechakte, mögliche Inferenzen etc. stützen und mit ausgedachten Beispielen und ohne Kontextbezug arbeiten. Andererseits setzt sich die Gesprächsanalyse von der sog. ‚empirisch-analytischen' Sozialwissenschaft ab, die unter „Empirie" standardisierte und quantifizierte Daten versteht, die statistischen Prozeduren unterworfen werden, um vorab festgelegte Hypothesen zu testen. Die Gesprächsanalyse verzichtet auf solche apriorischen Hypothesen. Sie wendet sich gegen die Standardisierung der Daten und gegen ihre Überführung in Skalenwerte, da dann die Alltagspraxis, die eigentlich zu untersuchen ist, von vornherein nach den Kategorien des Forschers verformt wäre, so daß keine Chance mehr besteht, die ihr eigentümlichen Strukturen zu entdecken. Die Gesprächsanalyse fordert, daß wissenschaftliche Aussagen falladäquat sein müssen, und strebt die Explikation von Gesprächspraktiken an, während es der quantitativen Sozialforschung darum geht, zu generalisierbaren Aussagen zu gelangen und Korrelationen zwischen Variablen in bezug auf eine Population festzustellen.[4]

Die Darstellung des gesprächsanalytischen Vorgehens beginnt mit einem Überblick über die grundsätzlichen Unterschiede und Gemeinsamkeiten von Untersuchungsinteressen, anhand derer die Möglichkeiten und Grenzen einer allgemeinen Methodik umrissen werden (2.). Es folgt eine Einführung in die grundlegenden Techniken und Aufgaben der Datenerhebung und -aufbereitung (3.-5.). Das Kernstück des Buches bildet die Gesprächsanalyse im eigentlichen Sinne (6.). Diese Schwerpunktsetzung beruht darauf, daß im Bereich der Auswertung von Gesprächsdaten m.E. die größten Defizite bestehen, während bspw. Fragen der Transkription – also der Datenwiedergabe – bereits vergleichsweise ausführlich und befriedigend diskutiert worden sind. Zudem besteht im Bereich der Auswertungsmethodik nach meiner Erfahrung sowohl unter Kollegen als auch unter Studierenden das größte Bedürfnis nach einer systematisch aufgebauten Darstellung. Abschließend werden Fragen der Güte und Überprüfung von Untersuchungen angesprochen (7.). Eine „umfassende" Darstellung gesprächsanalytischer Methodik müßte allerdings einiges Weiteres enthalten, was hier ausgespart wird. Wichtig wären z.B.:

---

4   Das Problem der Generalisierbarkeit stellt sich allerdings auch in der Gesprächsanalyse und ist dort noch nicht befriedigend gelöst (7.).

- der Zusammenhang von Gegenstandseigenschaften von Gesprächen, allgemeinen methodologischen Prinzipien und dem konkreten Vorgehen;
- eine eingehendere Diskussion der Verbindung von Gesprächsforschung und Ethnographie und der Einsatz ethnographischer Methoden;
- die Verbindung der gesprächsanalytischen Methoden mit Quantifikation;
- der Einsatz von (qualitativer und quantitativer) Auswertungs-Software;
- epistemologische und praktische Fragen des wissenschaftlichen Schreibens, der Repräsentation von Forschungsprozeß und -ergebnissen;
- Gesprächsanalyse in außeruniversitären Anwendungskontexten (s. Bekker-Mrotzek/Meier 1999).

2. Fragestellungen der Gesprächsforschung

In diesem Kapitel gebe ich einen Überblick über Unterschiede und Gemeinsamkeiten gesprächsanalytischer Fragestellungen, die Konsequenzen für Entscheidungen über das methodische Vorgehen nach sich ziehen (2.1.). Anschließend diskutiere ich die für die Gesprächsanalyse grundlegende Eigenschaft des Forschungsprozesses, daß die Entwicklung der Untersuchungsfragestellungen und der Gewinn von Erkenntnissen über Gesprächsstrukturen miteinander Hand in Hand gehen (2.2.).

2.1 Vielfalt und Einheit gesprächsanalytischer Fragestellungen

Bei der Erforschung von Gesprächen kann man sich für so viele unterschiedliche Fragestellungen interessieren, daß es auf den ersten Blick unmöglich erscheint, allgemeine methodische Leitlinien anzugeben. In der Tat sind bei der Untersuchung von Videokonferenzen (Meier 1998) ganz andere methodische Anforderungen zu bedenken und Schritte zu vollziehen als etwa bei der Frage, wie Vorwürfe typischerweise intoniert werden (Günthner 1996). Trotzdem können auf der Grundlage des Gegenstandsverständnisses, der Methodologie und der Forschungsgeschichte der Gesprächsanalyse einige allgemeine Leitlinien, Standards und Analysestrategien angegeben werden, die für eine erstaunliche Vielfalt von Fragestellungen nützlich und oftmals unverzichtbar sind. Dies wird deutlich, wenn man sich zunächst fragt, welches die *methodisch relevanten Dimensionen* sind, nach denen sich *gesprächsanalytische Untersuchungstypen* unterscheiden. Anhand dieses Überblicks zeigt sich, daß es oft weniger prinzipielle Andersartigkeiten als vielmehr unterschiedliche Ausgangs-, Ziel- und Schwerpunkte sind, nach denen sich das Vorgehen unterscheidet. Die fünf Dimensionen methodisch relevanter Unterschiede sind folgende:

1. *Größenordnung des Phänomens*: Die Spannweite reicht von Mikrophänomenen wie bestimmten grammatischen oder phonetischen Formen bis hin zur Untersuchung von vergleichsweise makroskopischen Zusammenhängen wie z.B. dem Kommunikationsrepertoire eines sozialen Mi-

lieus oder der Verknüpfung von Kommunikationsvorgängen in einem Unternehmen an mehreren Orten.
2. *Kontextspezifität des Phänomens*: Die klassische Konversationsanalyse setzte sich zum Ziel, universelle, kontextfrei operierende Mechanismen (z.B. den Sprecherwechselmechanismus) zu entdecken, die kontextsensitiv, also auf die jeweils vorliegenden Umstände zugeschnitten, realisiert werden (Sacks et al. 1974). Mittlerweile geht es dagegen in den meisten Untersuchungen darum, kommunikative Vorgänge in einem bestimmten Milieu (z.b. unter türkischen Jugendlichen in Deutschland) unter spezifischen medialen Bedingungen (z.b. in Konfrontationsshows im Fernsehen) oder hinsichtlich bestimmter Themen (z.b. Sprechen über Aids) und Handlungsaufgaben (z.b. Scheidungsmediation) zu untersuchen. Obwohl auch bei diesen Fragestellungen sehr allgemeine Struktureigenschaften von Interaktionen zutage treten können, richtet sich das Interesse doch mehr auf die Besonderheiten der Herstellung, Funktion und Verknüpfung von kommunikativen Phänomenen in einem besonderen Kontext.
3. *Oberflächennähe des Phänomens*: Manche für die Untersuchung relevanten Phänomene sind ohne großen Interpretationsaufwand, ja manchmal durch bloße Wahrnehmung zu identifizieren.[1] Während sich etwa relativ voraussetzungslos feststellen läßt, wann eine Partikel vorkommt oder wann wir es mit Ereignissen zu tun haben, die die Organisation des Sprecherwechsels betreffen, erfordert etwa die Frage nach der Produktion und Rezeption von Ironie im Gespräch (Hartung 1998) bereits ein hohes Maß an Interpretation und Analyse, um herauszufinden, welche Phänomene für die Untersuchung wichtig sind. Manchen Untersuchungsgegenständen können also relativ direkt Oberflächenphänomene zugeordnet werden, während in anderen Fällen erheblicher Interpretations- und Explizierungsaufwand nötig ist, um zu bestimmen, welche Gesprächsphänomene zum Untersuchungsgegenstand gehören und welche nicht.
4. *Form- vs. funktionsbestimmte Analyse*: Während die Sozialwissenschaft traditionellerweise erklären will, *warum* soziale Sachverhalte (in einer bestimmten Ausprägung) existieren, will die Konversationsanalyse in erster Linie rekonstruieren, *wie* Sinn und Ordnung im Gespräch hergestellt werden. Die Untersuchung kann dabei von sprachlichen Formen ausgehen und fragen, welche Funktionen diese Formen haben. Dies wäre z.B. dann der Fall, wenn wir fragen, wozu und in welchen Varianten oppositive Konnektiva (wie „aber", „ja aber", „doch") eingesetzt werden (=

---

[1] Es soll natürlich nicht behauptet werden, daß die betreffenden Phänomene damit auch schon adäquat analysiert sind – im Gegenteil, perzeptiv ähnliche Phänomene können interaktional unterschiedliche Eigenschaften haben (z.B. verschiedene Arten von „oh" (Heritage 1984b)).

formbestimmter Ansatz). Umgekehrt kann gefragt werden, in welchen Formen eine bestimmte kommunikative Aufgabe bearbeitet (z.b. jemanden beraten) oder eine bestimmte Funktion (z.b. Glaubwürdigkeit vermitteln) erfüllt werden kann (= funktionsbestimmter Ansatz).
5. *Methodenpurismus vs. -kombination*: Die „reine Lehre" beinhaltet einige (später ausführlich diskutierte) Prinzipien, die nicht von allen Forschern, die mit konversationsanalytischen Konzepten arbeiten, vertreten werden. Umstritten ist vor allem, inwieweit die Gesprächsanalyse mit ethnographischen Informationen verbunden werden muß, ob Forscher eine parteilich-kritische Haltung einnehmen sollen und ob quasi-kausale Erklärungen von Gesprächsphänomenen durch sozialstrukturelle Variablen (wie Institutionen, Geschlecht, Machtverhältnisse) akzeptiert und angestrebt werden.

Darüber hinaus fallen in methodischer Hinsicht natürlich die unterschiedlichen disziplinären Interessenschwerpunkte (Soziologie, Linguistik, Anthropologie, Medienwissenschaft, Psychologie) ins Gewicht; sie wirken sich jedoch mehr auf unmittelbar phänomengebundene Aspekte aus[2] und betreffen nicht die grundlegenden Analysestrategien. Die oben genannten fünf methodisch relevanten Dimensionen stehen in folgendem Verhältnis zu den fünf gängigen gesprächsanalytischen Untersuchungsformen:[3]

1. Die *Untersuchung von Gesprächspraktiken* ist das klassische Forschungsgebiet der Konversationsanalyse und wird von vielen mit ihr gleichgesetzt.[4] Zu diesem Feld gehören die bekanntesten Untersuchungen der Konversationsanalyse, etwa zum Sprecherwechsel (Sacks et al. 1974) oder zu Korrekturen (Schegloff et al. 1977). Die Untersuchungseinheiten sind kleinflächig und eher oberflächennah; das gilt besonders für die wachsende Zahl von Untersuchungen linguistischer Kategorien (z.B. Ochs et al. 1996; Couper-Kuhlen/Selting 1996). Früher wurde nach universellen, ganz allgemein gültigen Eigenschaften von Gesprächspraktiken gesucht, doch gibt es mittlerweile viele Untersuchungen, die sich auf sehr kontextspezifische Funktionen richten (z.B.: wie schaffen englische Interviewer Kohärenz zwischen Fragen, die sie nacheinander stellen (Heritage & Roth 1995)). Gesprächspraktiken sind aber nicht schon durch bestimmte (z.B. grammatische) Formen definiert. Es muß vielmehr gezeigt werden, daß die Realisierungsformen einer Praktik eine bestimmte

---

2   Z.B. sind für detaillierte Prosodieuntersuchungen Frequenzspektralanalysen, f_0-Extraktionsdiagramme und spezifische Notationen notwendig (Couper-Kuhlen/Selting 1996).
3   Einen aktuellen Überblick über den deutschen Forschungsstand gibt Hausendorf (i.Dr.).
4   Der Ausdruck „Gesprächspraktiken" scheint mir am besten zu reflektieren, daß kulturell eingespielte Gepflogenheiten und Routinen interessieren, die einigermaßen verbindlich sind, aber von Interaktanten flexibel genutzt und variiert werden können. Andere in der Literatur gängige Bezeichnungen sind „Regeln", „Mechanismen", „konversationelle Praktiken/Objekte", „interaktive Verfahren/Prozeduren/Techniken", „Systeme".

gemeinsame Aufgabe bzw. Funktion in Gesprächen erfüllen. Der Untersuchungsgegenstand liegt somit im Schnittpunkt einer form- und einer funktionsbezogenen Analyse. Gesprächspraktiken sind die Paradepferde der puristischen klassischen Konversationsanalyse, doch gibt es inzwischen auch interpretationsreichere Untersuchungen (meist mit erheblich lockereren methodischen Standards), die Vergleichbares erforschen. Ein Beispiel dafür sind ‚interpretative Repertoires'; dies sind Interpretationsmuster und -strategien, die v.a. von der discursive psychology untersucht werden (z.B. Potter/Wetherell 1987; Potter 1996).
2. Die Erforschung von *kommunikativen Gattungen bzw. Genres* (Knoblauch/Günthner 1997) oder von *Kommunikationsereignissen (speech* bzw. *communicative events*; Hymes 1972, Saville-Troike 1989) ist vor allem eine Domäne der Ethnographie der Kommunikation gewesen, verbindet sich jedoch zunehmend mit konversationsanalytischen Ansätzen. Hier werden sehr viel größere Kommunikationseinheiten mit einer typischen Abfolge von Komponenten, spezialisierten Beteiligungsrollen und Interaktionsanlässen untersucht (z.B. Klatschgespräche: Bergmann 1987; Ausbildung von Interaktionsprofilen einzelner Gesprächsteilnehmer: Spranz-Fogasy 1997). Die Anbindung an ethnographische Kontexte und Wissensbestände und die genaue Analyse der linguistischen Realisierungsformen haben hier traditionell größeres Gewicht als bei der soziologisch inspirierten Analyse von Gesprächspraktiken.
3. Die Untersuchung der *Bewältigung von Interaktionsproblemen und -aufgaben* greift auf die unter 1 und 2 skizzierten Ansätze zurück, geht aber nicht primär von bestimmten Oberflächenphänomenen oder Interaktionssequenzen aus. Sie zielt vielmehr darauf ab, grundlegende Interaktionsaufgaben datengestützt zu rekonstruieren – also nicht aufgrund theoretischer Vorüberlegungen einfach anzunehmen – und nach den Ressourcen zu suchen, mit denen sie kommunikativ bewältigt werden können (Verhandlung von Glaubwürdigkeit in Streitgesprächen: Deppermann 1997a; Selbstdarstellung: Malone 1997). Die funktionale Analyse steht hier im Vordergrund und ist der gemeinsame Bezugspunkt für die Untersuchung verschiedener Formen.
4. *Institutionelle Kommunikation* (Drew/Heritage 1992; Drew/Sorjonen 1997; Heritage 1997) ist seit Ende der 70er Jahre zu einem Schwerpunkt der Konversationsanalyse geworden. Die Untersuchung richtet sich zumeist auf diejenigen Gesprächspraktiken und Kommunikationsereignisse, die für den Vollzug typischer institutioneller Aufgaben konstitutiv sind (z.B. Zeugenbefragung vor Gericht; Entwicklung von Problemlösungen in Beratungsgesprächen). Neben mikroskopischen Phänomenen sind hier insbesondere auch makroskopische Gliederungen des Interaktionsablaufs, Vernetzungen zwischen verschiedenen (Kommunikations-)Ereignissen in der Institution und Fragen nach der Ausübung und Herstellung von Macht, Wissen und institutionellen Identitäten von Interes-

se. In den Studien zu *Interaktionen in der Arbeitswelt* (*"workplace studies"*) wird in jüngster Zeit zudem untersucht, wie verbale und andere (visuelle, gegenständliche etc.) Aktivitäten bei der Bewältigung professioneller Aufgaben verknüpft sind (Middelton/Engeström 1997).
5. *Kommunikationsportraits sozialer Gruppen und Milieus* gehen ebenfalls von einem sozialen Handlungsfeld aus. Sie zielen darauf ab, seine konstitutiven und typischen Handlungstypen und Gesprächsanlässe, -themen, -stile, und -regeln zu rekonstruieren (Goodwin 1990; Keim 1995; Schwitalla 1995). Diese umfassend angelegten, oft mehrjährigen Vorhaben sind mit ethnographischen Sondierungen und teilnehmender Beobachtung verknüpft. Sie können die Gesprächsanalyse als Ausgangspunkt einer generellen Kulturanalyse nutzen, die mikroskopische Interaktionsphänomene mit sozialen Institutionen und zentralen kulturellen Deutungsmustern oder Ideologien verknüpft (z.B. Duranti 1994).

Die Vielfalt gesprächsanalytischer Fragestellungen und die Notwendigkeit, entsprechend unterschiedliche und gegenstandsspezifische Untersuchungsstrategien zu entwickeln, sind offensichtlich. Die Übersicht läßt aber genauso erkennen, daß in aller Vielfalt ein einheitlicher formaler Kern gesprächsanalytischer Untersuchungsperspektiven verborgen ist: Bei jeder Untersuchung geht es in irgendeiner Weise darum, daß *Gesprächspraktiken* erforscht werden, die *sequentiell* (d.h. zeitlich-prozessual) *organisiert* sind und aus einem *Zusammenhang von Formen und Funktionen in bezug auf einen Bereich* bestimmt sind (6.3.).

- Mit *Formen* sind die Methoden, Praktiken, Ressourcen, Verfahren, linguistischen Formen etc. gemeint, mit deren Hilfe Menschen Gespräche so führen, daß sie als geordnetes und sinnvolles Geschehen verständlich werden. Diese Formen können unterschiedlicher Größenordnung sein und sind auf verschiedenen Abstraktionsebenen zu beschreiben.
- Mit *Funktionen* sind die Aufgaben und Probleme gemeint, die Interaktanten in Gesprächen bearbeiten, außerdem die individuellen Ziele und gesellschaftlichen Zwecke, auf die sich ihre Handlungen richten.
- Mit *Bereichen* sind Bedingungen gemeint, die für einen Form-Funktions-Zusammenhang erfüllt sein müssen. Dies können bestimmte Teilnehmerkonstellationen, Interaktionsanlässe, kulturelle Rahmenbedingungen, Eigenschaften des vorangehenden Gesprächsverlaufs etc. sein.[5]
- Da Gespräche unter den Bedingungen der Zeitlichkeit stattfinden und die Abfolge von Aktivitäten ihre Bedeutung bestimmt, muß die *sequentielle Organisation* des Gesprächs rekonstruiert werden.

---

5   Für universelle Praktiken muß dementsprechend gelten, daß sie nicht auf solche besonderen Bereiche beschränkt sind.

Die abstrakten Gemeinsamkeiten gesprächsanalytischer Fragestellungen verweisen also zurück auf ein zugrundeliegendes Verständnis vom allgemeinen Gegenstand der Gesprächsanalyse: von Gesprächen überhaupt. Allein dieses Verständnis allgemeiner Eigenschaften jeglicher Gesprächsaktivität rechtfertigt es, ebenso allgemeine, kontextunabhängige methodische Leitlinien, Kriterien und Strategien zu formulieren, die ihrerseits an die konkreten Materialien und Fragestellungen angepaßt werden können und müssen. Solche allgemeinen methodischen Aspekte werden im vorliegenden Text dargestellt.

Abgesehen von diesen allgemeinen Leitlinien gilt aber: „Ob eine Methode gut oder schlecht ist, kann man u.E. erst einschätzen, wenn man weiß, (a) auf welche Frage eine Antwort gefunden werden soll und (b) welche Daten zur Verfügung stehen" (Reichertz/Schröer 1994, 56). Je nach Untersuchungsfrage und -material werden daher unterschiedliche Vorgehensweisen geeignet erscheinen und verschiedene Probleme im Vordergrund stehen. Oft sind zusätzliche Prozeduren zu verwenden und neue Lösungen zu entwickeln. Gesprächsanalyse darf nicht als Applikation eines ehernen Methodenkanons, sondern muß als *kreative Tätigkeit* verstanden werden. Es ist immer wieder zu fragen, ob die verwendeten Methoden dem Material, der Fragestellung und den schon gewonnenen Erkenntnissen angemessen sind. Gesprächsanalytiker müssen mit ihren Materialien „spielen" und auch ungedeckte Wege gehen, deren Berechtigung nicht von vornherein zu sehen ist; kristallisiert sich dann aber ein erkenntnisträchtiger Pfad heraus, muß versucht werden, den Rezipienten der Arbeit seine Systematik und Begründbarkeit zu vermitteln.

Bei aller Experimentierfreude sollten Verfahren, die wesentliche Konstitutionsprinzipien von Gesprächen ignorieren oder ihnen zuwiderlaufen, nur mit größter Vorsicht benutzt werden (wie z.B. nicht-sequentiell arbeitende inhaltsanalytische Verfahren oder Sprechaktklassifizierungen). Solche Prozeduren (wie z.B. auch statistische Frequenzanalysen) können als Screeningverfahren sinnvoll sein und Beobachtungen hervorbringen, deren Basis dann mikro- und prozeßanalytisch zu rekonstruieren bzw. zu prüfen ist. Auf jeden Fall sollte man nach Literatur über Untersuchungen suchen, die Fragestellungen bearbeitet haben, die dem eigenen Interesse ähneln, um auf Ideen zu Anlage und Vorgehen der Untersuchung zu kommen.

2.2 Die Entwicklung der Forschungsfragestellung

Interpretative Forschungsprozesse sind durch eine „Dialektik zwischen Authentizität und Strukturierung" gekennzeichnet (Flick 1991). Sie kehrt in verwandelter Form in allen Untersuchungsphasen wieder und besteht im Kern in zwei Fragen: Inwieweit soll der Untersucher *nach vorab gefaßtem Plan* vorgehen und mit vorgegebenen Kategorien und Theorien arbeiten (= „Strukturierung")? Inwiefern soll er sich *offen und flexibel* auf das Untersuchungsfeld und das Material einlassen („Authentizität")?[6]

Die Gesprächsanalyse ist ein *materialgestütztes Untersuchungsverfahren*. Sie schreibt Untersuchungsfragen und Analysekonzepte nicht a priori fest, sondern modifiziert sie in der Auseinandersetzung mit empirischen Gesprächsdaten. Diese Offenheit beruht auf dem *rekonstruktiven Erkenntnisinteresse* der Gesprächsanalyse, das darin besteht, solche Prinzipien der Organisation und der Sinnbildung in Gesprächen zu entdecken, denen die Interaktionsteilnehmer im Vollzug von Gesprächen folgen. Prinzipiell steht die Formulierung einer Forschungsfragestellung dieser Offenheitsforderung entgegen, da in jede Fragestellung implizite Theorien und Erwartungen an die Empirie eingehen. Diese Vorannahmen können falsch sein, sind aber nichtsdestoweniger meist sehr robust. Sie verleiten dazu, sich gegen alternative Sichtweisen zu immunisieren bzw. solche gar nicht erst zu entwickeln. Sie bergen daher die Gefahr,

- Vorannahmen als Ergebnisse zu reproduzieren;
- hartnäckig Fährten zu verfolgen, auf denen keine Rekonstruktion von Gesprächsstrukturen gelingt, und Scheinprobleme zu provozieren, die sich ohne falsche Vorannahmen nicht einstellen würden;
- in konservativer Manier Altbekanntes zu replizieren, das zwar vielleicht zutreffend ist, aber dasjenige verfehlt, was von zentraler Bedeutsamkeit für die untersuchten Fälle ist und neue Erkenntnisse hätte zeitigen können.

Mit der Betrachtung von Gesprächen unter einer Forschungsfrage verbinden sich zwangsläufig Beschränkungen und theoriebedingte Vorurteile, die sich in selektiven Wahrnehmungen und Interpretationsperspektiven niederschlagen. Sie führen dazu, daß viele, oft schon vorwissenschaftlich wohlbekannte Phänomene, Zusammenhänge und Sachverhalte ignoriert werden, die einen Schlüssel zur Erkenntnis wesentlicher Gesprächsstrukturen liefern könnten.

So problematisch es also einerseits ist, Untersuchungsfragestellungen a priori festzulegen, so unumgänglich ist es andererseits. Abgesehen von den unausweichlichen institutionellen Anforderungen, die z.B. Fördermittel an Projektanträge oder Arbeitsexposés binden, verlangen auch genuin gegenstandsbezogene und methodische Gründe, Gespräche stets unter bestimmten, begründeten Fragestellungen zu untersuchen. Schon die Wahl eines Untersuchungsfeldes und die Entscheidung, bestimmte Gespräche aufzunehmen (und andere nicht), hängt in der Regel von einem *Erkenntnisinteresse* ab. Sodann kann jeder Gesprächsausschnitt in Hinblick auf ganz *unterschiedliche Sinn- und Ordnungsebenen* untersucht werden, in bezug auf die er systematisch

---

6   Es muß auch bedacht werden, daß größere Offenheit in der Regel mehr (zeitlichen) Aufwand bedeutet. Zwar ist die Chance größer, zu neuen Entdeckungen zu gelangen, doch wächst die Gefahr, im Fragmentarischen stecken zu bleiben, da die Zeit nicht reicht.

organisiert ist; z.B. können wir bei einem Beratungsgespräch fragen, nach welchen Prinzipien Probleme geschildert werden, wie Berater professionell handeln, wann und wozu Erzählungen eingesetzt oder zwischen verschiedenen Redestilen gewechselt wird etc. Auch wenn manche konversationsanalytische Schriften den Eindruck zu erwecken versuchen – das Material zeigt uns seine strukturbildenden Prinzipien nicht „von selbst". Abgesehen von der Sensibilität für relevante Ausgangsbeobachtungen und vom methodischen Vorgehen sind es vor allem die Untersuchungsfragen (z.B.: Wie gestalten die Gesprächsteilnehmer ihre Beziehung? Welche Handlungen werden in welcher Reihenfolge vollzogen?), die uns erst auf gewisse Phänomene und Zusammenhänge aufmerksam machen. Es gibt also nicht *die* Analyse eines Gesprächs, sondern *immer nur eine Analyse unter einer Fragestellung und in Hinblick auf bestimmte Interessen*. Die Fragestellung bestimmt schließlich auch mit, was bei der Datenaufbereitung notiert wird und welche Phänomene man im Transkript wiedergibt (4. und 5.).

Begreift man die Formulierung einer Fragestellung, die den Zugang zu wesentlichen, gar neu zu erkennenden Gegenstandsstrukturen eröffnet, als ein wichtiges Forschungs*resultat*, dann verliert das skizzierte Spannungsverhältnis zwischen Authentizität und Strukturierung etwas von seiner scheinbaren Auswegslosigkeit. In der Tat ist die Gesprächsanalyse durch ein *spiralförmiges Verhältnis von Gegenstandskonstitution und Gegenstandsanalyse* gekennzeichnet: Im Verlauf des Forschungsprozesses verändern sich die Fragen und Vorannahmen, mit denen man dem Untersuchungsmaterial begegnet (= Gegenstandskonstitution), durch dessen Analyse – veränderte Fragen zu stellen zeugt von einem Erkenntnisgewinn (s.a. 4.2. und 6.5.). Die Entwicklung der Forschungsfrage geht mit der Produktion von Ergebnissen Hand in Hand. Es empfiehlt sich daher, die ersten Forschungsfragen *offen, vage und schlicht* zu formulieren; d.h.: sie nicht auf voraussetzungsvollen Theorien aufzubauen, möglichst wenige Vorannahmen in sie einfließen zu lassen und vor allem sich der Vorannahmen, die zugrundeliegen, soweit als möglich bewußt zu sein und sie flüssig und kritisierbar zu halten. Die Spezifikation der Untersuchungsfragen schreitet dann als Resultat der Auseinandersetzung mit dem Untersuchungsmaterial voran.

3. Datenaufnahme

In diesem Kapitel wird besprochen,
- warum Ton- und Videoaufnahmen für die Gesprächsanalyse notwendig sind,
- welche Kriterien eine gute Aufnahme erfüllen muß,
- was bei der Aufzeichnungstechnik zu beachten ist,
- welche weiteren Daten erhoben werden sollen.

Ton- und Videoaufnahmen als unverzichtbare Datengrundlage
Gespräche sind – im Gegensatz zu schriftlichen Dokumenten – flüchtige Ereignisse. Sie müssen eigens durch Aufzeichnung konserviert werden, wenn sie zum Untersuchungsgegenstand werden sollen. Dabei sollte schon bei der Aufnahme den Anforderungen der späteren Analyse und den Konstitutionseigenschaften der Gespräche Rechnung getragen werden. Da die Abfolge der Ereignisse in einem Gespräch ihre Bedeutung bestimmt und oftmals Details von Handlungen und Formulierungen, die kaum bemerkt werden, entscheidend sind und akribisch untersucht werden sollen, benötigen wir Protokolle, die die *zeitliche Dynamik* von Gesprächsverläufen *detailliert* wiedergeben. Die Gesprächsanalyse beginnt außerdem nicht mit vorab festgelegten Hypothesen, sondern versucht, Strukturierungsprinzipien von Gesprächen *materialgestützt* zu entdecken. Es gehört deshalb zu ihrem Verständnis von „Empirie", daß Gespräche möglichst naturalistisch, abbildgetreu konserviert werden. Dazu brauchen wir eine *passiv registrierende* Methode der Datenerfassung, die nicht schon vor der Analyse das Gesprächsgeschehen in theoretisch vorgefaßte Codes überführt (Bergmann 1985). *Audio- bzw. Videoaufnahmen* von möglichst guter Qualität sind also unverzichtbar. Andere weit verbreitete Formen der Repräsentation von Gesprächsdaten, wie Gedächtnisprotokolle, Kodierschemata, Selbstauskünfte oder Intuitionen über kommunikative Prozesse sind dagegen als Ausgangsdaten für die Gesprächsanalyse unbrauchbar. Der Grund besteht darin, daß sie von Interpretationen und Selektionen der Befragten und der wissenschaftlichen Datenproduzenten geformt sind, die den Rückschluß auf die genauen Eigenschaften des ursprünglichen Geschehens unmöglich machen. Audio- und Videoaufnahmen bewahren dagegen entscheidende Merkmale von

Gesprächsprozessen, die der Erinnerung entgehen und der Introspektion nicht zugänglich sind (Heritage 1984, 238ff.). Solche Daten schaffen erst die Grundlage, empiriegestützt zu neuen Entdeckungen zu gelangen, weil sie nicht von vornherein an unser vermeintliches Vorwissen angepaßt sind. Sie besitzen ihre eigene Widerständigkeit, die uns zwingt, unsere Annahmen und Überzeugungen in der Auseinandersetzung mit ihnen auf die Probe zu stellen und weiterzuentwickeln (Reichertz/Schröer 1994).

Ethnographische Datenerhebung
Viele Gesprächsdaten sind nur im Rahmen von Feldstudien zu gewinnen (z.B. in der Dialektologie, bei der Erforschung von Kommunikation in Institutionen, speziellen sozialen Milieus oder fremden Ethnien). Bei solchen oft sehr aufwendigen Untersuchungen sind zahlreiche Fragen wichtig, die ethnographische Forschung in den Sozialwissenschaften generell betreffen und hier nicht behandelt werden können: der Zugang zum Untersuchungsfeld, die Vermittlung des Forschungsanliegens, die Rolle der Forscher im Feld und die Gestaltung der Beziehung zu den Untersuchten, Fragen von Datenschutz und Forschungsethik etc. (s. Denzin/Lincoln 1994; Flick 1995; Hammersley/Atkinson 1983; Hammersley 1992). Bei der *ethnographischen Gesprächsforschung* versucht der Forscher, während einer längeren teilnehmenden Beobachtung Kontakte zu Feldakteuren aufzubauen und sich anhand unterschiedlicher Datenarten einen möglichst umfassenden Überblick über die linguistischen Formen und kommunikativen Praktiken im Feld, ihren Zusammenhang untereinander und ihren Bezug zu den Regeln, Werten und Wissensbeständen der Akteure zu verschaffen. Gefragt wird also, wie eine *Kultur* sich in ihren Kommunikationsformen, -anlässen und -funktionen artikuliert, und nach den kulturellen Kontexten, in denen jene ihren Sinn gewinnen (Duranti 1997; Kallmeyer 1995a). Der ethnographische Zugang kann bei der Datenerhebung eine dreifache Rolle spielen (Auer 1995; Labov 1980a; Milroy 1987; Spranz-Fogasy/Deppermann i.Dr.; s.a. 6.4.).

- *Gegenstandskonstitution*: Ein wesentliches Ziel besteht darin, Gesprächspraktiken zu untersuchen, die die Mitglieder einer Kultur selbst als typische und nach verbindlichen Formen strukturierte Handlungstypen oder Gesprächsereignisse verstehen. Sie werden oft mit speziellen *emischen*, d.h. kultureigenen Bezeichnungen benannt – im Gegensatz zu etischen, d.h. von kulturfremden Beobachtern vorgenommenen Klassifizierungen. Die Kenntnis emischer Konzepte und damit Prozesse des *Fremdverstehens* spielen also bereits für die Definition der zu untersuchenden Gesprächsereignisse und natürlich auch für alle aufbauenden Stufen der Datenbearbeitung eine grundlegende Rolle. Darüber hinaus ist die intensive Feldkenntnis die Voraussetzung dafür, daß Kommunikationsformen oder -probleme bemerkt und zum Gegenstand eingehenderer Untersuchung gemacht werden, die a priori nicht erwartet und in der Literatur noch nicht beschrieben worden sind.

- *Datengewinn*: Durch intensive Felderkundung verschafft sich der Forscher einen Überblick über typische und wichtige Kommunikationsanlässe, -ereignisse und -probleme im Feld. Dadurch kann er fundierter entscheiden, wann und wo Aufnahmen zu machen sind, und welche Daten zusätzlich zu Vergleichs- oder Ergänzungszwecken benötigt werden. Er kann zunehmend besser die Relevanz und Repräsentativität der aufgezeichneten Gespräche abschätzen. Mit wachsendem Vertrauen seitens der Feldakteure kann er Zugang zu Gesprächsereignissen gewinnen, die Fremden sonst verschlossen bleiben, und Aufnahmegenehmigungen erhalten. Außerdem verringert sich mit zunehmender Dauer der Einfluß der Beobachtung auf das Handeln der Untersuchten.
- *Methoden und Datenquellen*: Das Hintergrundwissen, das der Forscher während seiner Feldaufenthalte vielfach unsystematisch und ungeplant erwirbt, ist zumeist das wichtigste Instrument seiner Erkenntnisbildung. Ereignisse im Feld und Kenntnisse, die der Forscher durch die teilnehmende Beobachtung gewonnen hat, werden in Feldnotizen und in einem Feldtagebuch protokolliert. Daneben können zahlreiche weitere Methoden benutzt werden, die teilweise ursprünglich für andere Forschungszwecke entwickelt wurden, hier aber dazu bestimmt sind, wichtige Informationen für die Gesprächsanalyse zu liefern. Dazu gehören vor allem *ethnographische Interviews*, in denen Feldakteure bspw. nach Referenzklärungen, etymologischen oder Sachverhaltsinformationen, Angemessenheitsurteilen bzgl. bestimmter Formen der Sprachverwendung, den Sozialbeziehungen der Beteiligten u.a. befragt werden (Briggs 1986). Solche Interviews können eigens arrangiert werden, viele Informationen sind aber leichter und verläßlicher im informellen Gespräch „nebenbei" zu gewinnen. Auf diesem Wege kann der Forscher die Feldakteure auch mit seinen eigenen Analysen konfrontieren und ihre Interpretationen erfragen. Insbesondere bei der Untersuchung institutioneller Kommunikation empfehlen sich *Experteninterviews*, in denen Informationen zur Geschichte der Institution, zu Aufgabenverteilungen, Zielvorgaben etc. gewonnen werden können. Neben *standardisierten Fragebögen und Tests*, die vor allem für soziolinguistische und dialektologische Fragestellungen geeignet sind (z.B. Ähnlichkeitsratings, Korrekturaufgaben, Netzwerkanalysen, matched-guise-technique) spielen vor allem visuelle *Dokumente* (Zeichnungen, Fotos, Filme von Kommunikationssettings und Akteuren) und Schriftstücke (z.B. Presseveröffentlichungen, Flugblätter, Ausbildungsmaterialien), die nicht eigens für die Zwecke der Untersuchung angefertigt wurden, eine wichtige Rolle. Darüber hinaus kann es z.B. bei Schauplatzanalysen nützlich sein, den Wandel von Aktivitäten und Beteiligungsstrukturen an einem Ort im Tagesverlauf zu dokumentieren oder eine Bewegungsmatrix anzulegen, die die Bewegungen von Akteuren zwischen verschiedenen Orten zu verschiedenen Zeiten erfaßt.

Protokoll von Feldzugang und Gesprächsumständen
Viele Arten von Gesprächen und Gesprächsphänomenen neigen dazu, sich als wissenschaftlicher Gegenstand zu verflüchtigen: Wollen wir sie aufnehmen, finden sie nicht mehr statt. Mißtrauen der ins Auge gefaßten Untersuchten, Unwillen, sich aufnehmen zu lassen, Scham der Forscher, um Aufnahmeerlaubnis zu bitten, Privatheit der Umstände des Gesprächs etc. können (fast) unüberwindliche Hindernisse bilden, Ereignisse zu protokollieren, die doch täglich stattfinden. Oft ist viel Überzeugungsarbeit nötig, werden abgemachte Aufnahmetermine im letzten Moment abgesagt, werden Forscher von einer Stelle zur nächsten weiterverwiesen, wenn die Erlaubnis zur Aufnahme eingeholt werden soll etc. Die Bedenken, Widerstände und Ängste, die sich einer Untersuchung entgegenstellen, sind oft ebenso aufschlußreich für das, was wir erforschen wollen, wie die Gespräche, die wir schließlich aufnehmen können. Daher sollte von Beginn an der Verlauf von Kontaktversuchen und Vorbesprechungen notiert werden.

Das Gleiche gilt für Ereignisse im engeren Umkreis der Aufnahme. Auf jeden Fall sind die *"objektiven Daten"* der Aufnahme zu notieren: Datum, Uhrzeit, Dauer, Ort, Beteiligte des Gesprächs. Grundsätzlich sollten auch die wichtigsten *soziodemographischen Daten* der Gesprächsteilnehmer erfaßt werden: Alter und Geschlecht, sowie ggfs. ethnische und nationale Zugehörigkeit, Dialekt- oder Standardsprecher, Bildungsstand, Beruf, Familienstand, Verwandtschafts-/Bekanntschaftsgrad der Beteiligten und eventuelle weitere offensichtliche bzw. den Beteiligten bekannte Merkmale, die für den Gesprächsverlauf wichtig sein können (z.B. Fan der Fußballmannschaft XY, körperliche Behinderung, emblematische Kleidung). Weiterhin müssen Ereignisse festgehalten werden, die unmittelbar vor oder nach der Aufnahme geschahen (z.B. Untersuchte fragen nach Zweck und Ablauf der Untersuchung, drängen auf schnelle Abwicklung, teilen nach Ende der Aufnahme „im Vertrauen" private Informationen mit, die sie an den entsprechenden Stellen des Gesprächs nicht gaben, geben Kommentare zur Untersuchung ab).

Gütekriterien für Aufnahmen und das Beobachterparadoxon
Eine gute Gesprächsanalyse benötigt Aufnahmen *guter technischer Qualität*. Dies beinhaltet nicht nur eine möglichst gute Tonqualität, sondern auch, daß diejenigen visuellen Informationen, die für das Handeln der Gesprächsteilnehmer ausschlaggebend sind, miterfaßt werden. Vor allem wenn die Bedeutung der verbalen Äußerungen unselbständig ist oder das Gesprochene nur einen für sich genommen fragmentarischen Teil eines übergreifenden Handlungs- oder Interaktionsgeschehens ausmacht, sind Videoaufnahmen unumgänglich, die auch nonverbales kommunikatives Verhalten und gegenständliches Handeln dokumentieren (Heath 1997).

Die Daten sollen außerdem in Hinblick auf das, was untersucht werden soll, möglichst *„natürlich"* sein. Dies heißt, daß der Typus von Gesprächsphänomenen, über den anhand der Untersuchungsmaterialien Aussagen gemacht werden sollen, durch die aufgenommenen Gespräche („ökologisch") valide repräsentiert sein muß. Labov (1980, 17) bezeichnet das damit entstehende Problem als *Beobachterparadoxon*: „Um die Daten zu erhalten, die am wichtigsten für die linguistische Theorie sind, müssen wir beobachten, wie die Leute sprechen, wenn sie nicht beobachtet werden." Valide Aufnahmen bekommen wir, wenn Existenz und Ausformung des interessierenden Phänomens von der Aufnahme nicht beeinflußt werden. Entgegen einer unter Gesprächsanalytikern weitverbreiteten Meinung erfordert das Natürlichkeitsprinzip daher nicht, grundsätzlich auf Aufnahmen unter Laborbedingungen, Rollenspiele oder Mediendokumente zu verzichten. Jedes Datum hat vielmehr seine eigene Art von „Natürlichkeit", in bezug auf die es adäquat untersucht werden kann. Statt generell „natürliche Daten" zu fordern, ist es deshalb zutreffender, wenn man verlangt, daß das Datenmaterial und die Art seiner Erhebung und Auswertung geeignet sein müssen, die Forschungsfragen in bestmöglicher Weise zu beantworten.[1] Arrangierte Gespräche werden erst dann problematisch, wenn bei der Analyse ihr Entstehungskontext nicht berücksichtigt wird und vorschnelle Generalisierungen auf andere Kontexte vorgenommen werden.

Die beiden Kriterien „Aufnahmequalität" und „Natürlichkeit" stehen allerdings prinzipiell in einem Spannungsverhältnis. Je besser die Aufnahmequalität und je umfassender die registrierten Daten sein sollen, desto größer wird der Aufnahmeaufwand und desto präsenter und daher störender werden die Bedingungen der Aufnahme für die Untersuchten. Es müssen deshalb Kompromisse eingegangen werden, wobei zu überlegen ist, welche Untersuchungsfragen aufgrund von Abstrichen an Natürlichkeit der Daten nicht mehr bzw. nur noch unzulänglich und mit großer Ungewißheit zu beantworten sind und welche Lücken oder gar Artefakte durch mangelnde technische Qualität entstehen können. Obwohl sie dringend zu wünschen wären, muß insbesondere oft auf die erheblich invasiveren Videoaufnahmen verzichtet werden, die nicht genehmigt werden, zu große Verzerrungen des Interaktionshandelns oder nicht zu verwirklichende Voraussetzungen (z.B. einzelne Personen mit der Kamera verfolgen, Ausleuchtung des Aufnahmeortes) mit sich bringen würden. Trotzdem müssen anfänglich starke Reaktionen auf die Untersuchungssituation nicht gleich skeptisch stimmen, da erfahrungsgemäß zumindest bei Tonaufnahmen die Aufmerksamkeit für die Tatsache, aufgenommen zu werden, bereits nach einigen Minuten rapide abnimmt. Weiterhin besteht die Möglichkeit, die Relevanz der Aufnahmesituation für das Interaktionshandeln dadurch abzuschätzen,

---

1 Auch in epistemologischer Hinsicht muß davor gewarnt werden, „Natürlichkeit" in naiver Weise zu verabsolutieren: Jeder Forscher entwickelt zwangsläufig seine eigene konstruierende Perspektive auf die Untersuchungsgegenstände, jedes Beobachtungsverfahren und jede nachträgliche Dokumentation sind prinzipiell selektiv. So kann z.B. keine Tonbandaufnahme die unterschiedlichen Wahrnehmungsperspektiven der einzelnen Interaktionsteilnehmer genau erfassen.

daß Adressierungen, Bezugnahmen und Anomalien, die sich auf die Aufnahme richten, bei der Gesprächsanalyse mitberücksichtigt werden. Zusätzlich können die Untersuchten zum Einfluß der Aufnahme auf ihr Handeln befragt werden, und man kann die erhaltenen Bänder von ethnographischen Experten auf ihre Natürlichkeit beurteilen lassen. Vor allem bei Gesprächen, die kontrollsensitive, intime oder rechtfertigungsbedürftige Sachverhalte betreffen oder bei denen Selbstdarstellung und Beziehungsdefinition besonders wichtig sind, kann die Art und Weise, wie mit der Aufnahme umgegangen wird, selbst sehr aufschlußreich für die Beantwortung von Untersuchungsfragen sein. Um „natürliche Daten" zu erhalten, ist schließlich zu fragen, ob im Untersuchungsfeld selbst bereits Aufzeichnungen (evtl. gar routinehalber) angefertigt wurden, die für das Untersuchungsziel brauchbar sind (z.B. Hochzeitsvideos, Aufzeichnungen medienpädagogischer Aktivitäten oder massenmedial verfügbare Dokumente ganz allgemein).

Durchführung der Aufnahme und Aufzeichnungstechnik
Drei Fragen sind in jedem Falle vor Beginn der Aufnahme zu klären (s. allgemein zur Aufzeichnungstechnik: Goodwin 1993):

- Sollen Video- oder nur Audioaufnahmen gemacht werden?
- Sollen die Aufnahmegeräte stationär an einem festen Ort aufgestellt werden oder sollen sie mobil einer bestimmten Person bzw. bestimmten Ereignissen folgen?
- Sollen die Untersuchten sich in Eigenregie aufnehmen oder ist ein Forscher als (teilnehmender) Beobachter zugegen?[2]

Untersucher müssen sich mit der Funktionsweise der Aufnahmegeräte genau vertraut machen, um Störungen sofort entdecken und beheben zu können. Am besten ist natürlich, wenn Ersatzgeräte für den Fall von Defekten bereitstehen. In dem Raum, in welchem die Aufnahme stattfindet, sollten Probeaufnahmen gemacht werden. So sollte z.B. geprüft werden, ob alle Gesprächsteilnehmer in gleicher Tonqualität erfaßt werden, ob die Mikrophone optimal ausgerichtet sind, ob die Lichtverhältnisse für eine Videoaufnahme ausreichen (Gegenlicht vermeiden!), ob eine Standkamera die für die Beteiligten im Interaktionsverlauf wichtig werdenden Raumausschnitte und Geschehnisse erfaßt (Meier 1998). Bei mehr als drei Teilnehmern, vor allem ohne Videoaufnahme, empfiehlt es sich, Stereomikrophone – oder besser noch: Mikroportanlagen – zu verwenden, da sonst die Zuordnung von Gesprächsbeiträgen zu Sprechern schwierig wird. Sendemikrophon- bzw. Mikroportanlagen sind dann zu empfehlen, wenn mehrere Personen aufgenommen werden sollen, die sich in Bewegung befinden. Für die Aufzeichnung wird dann zu-

---

2   Wenn sich Untersuchungsteilnehmer selbst aufnehmen, müssen sie sehr sorgfältig instruiert und über die im folgenden genannten Aspekte informiert werden. Andernfalls riskiert man technisch mangelhafte und unvollständige Aufnahmen.

sätzlich ein tragbares Mischpult benötigt. Häufig sollte parallel zu Videoaufnahmen zusätzlich mit Tonband aufgenommen werden, weil die Tonqualität des Videos oft schlecht ist. Mikrophone sollten so aufgestellt werden, daß sie vor Erschütterungen und gesprächsfremden Geräuschen geschützt sind (z.b. nicht auf den Eßtisch stellen, sondern darüber hängen). Bei Audioaufnahmen sollten keine Eisenoxid-, sondern nur Chromdioxid- oder DAT-Bänder benutzt werden; S-VHS-Video-Equipment ist grundsätzlich VHS vorzuziehen. Da Bandwechsel leicht zu Aufnahmelücken führt, vergessen wird und die Aufmerksamkeit der Untersuchten auf die Aufnahme erneuert, empfehlen sich lange Bandlaufzeiten (90-120 Minuten Audio-, 240 Minuten Videocassetten). Möglichst bald nach der Aufnahme müssen die bespielten Bänder kopiert werden. Die Originale sollten an einem sicheren Ort aufbewahrt und nur benutzt werden, um weitere Kopien zu ziehen. Zur Transkription, Analyse, Präsentation etc. darf nur mit Kopien gearbeitet werden. Außerdem ist aus datenschutzrechtlichen Gründen sicherzustellen, daß nur autorisierte Projektmitarbeiter auf sie zugreifen können.

Vollständigkeit der Daten
Da wir es gewohnt sind, Gespräche inhaltlich zu betrachten, erliegen wir leicht der Versuchung, Präliminarien, Gesprächspausen und Nachverbrennungen als überflüssig zu betrachten und deshalb nur den Gesprächskern, der uns vorrangig interessiert, aufzunehmen. Gerade diese Ränder beinhalten jedoch wesentliche Rahmungen des Gesprächs – durch Begrüßungen werden Beziehungen signalisiert, Auffassungen von Gesprächssituation und -zweck werden ausgehandelt oder Bewertungen der Gesprächsqualität zum Ausdruck gebracht. Inhaltliche Aspekte eines Gesprächs können in der Regel nicht angemessen interpretiert werden, wenn wir nicht wissen, unter welchen Umständen sie zustandegekommen sind, wie das Gespräch eingeleitet wurde bzw. wie die Untersuchten den Gesprächsanlaß selbst interpretieren. Es ist daher wichtig, die Aufnahme möglichst früh zu starten. Z.B. sollte bei einem Interview die Aufnahme nicht mit der ersten Frage beginnen, sondern schon mit dem Betreten des Raumes, spätestens aber mit der Erklärung von Untersuchungszweck und -ablauf. Dies kann allerdings damit konfligieren, daß zunächst das Einverständnis der Untersuchten für die Aufnahme eingeholt werden muß. Ebenso sollte die Aufnahme erst beendet werden, wenn sich die Gesprächsteilnehmer verabschiedet und den Raum verlassen haben.

Weiterhin sollen nach Möglichkeit Materialien (z.B. Schriftstücke, Bilder) und räumliche Sachverhalte (z.B. Wohnungseinrichtung, Haustiere) dokumentiert werden, die im Lauf des Gesprächs relevant wurden und für das Verständnis der Gesprächsaktivitäten notwendig sind.[3] In jedem Fall sollten

---

3 Whalen (1995) zeigt bspw., wie sich die Gesprächsführung bei telefonischen Notrufen nach den Vorgaben der Bildschirmmaske richtet, die der Empfänger des Notrufs auszufüllen hat.

die Sitzpositionen von Gesprächsteilnehmern festgehalten werden. Vielfach ist es nicht nur nötig, die Anwesenheit bestimmter Dinge zu erfassen, sondern auch zu protokollieren, wann welches Ereignis eintrat, wann auf welches Ding bezuggenommen wurde etc. Die Protokollierung der zeitlichen Koordination von Gesprächsaktivitäten mit anderen Ereignissen (z.b. bei Gesprächen während der Fernsehrezeption (Klemm 1998)) erfordert oft die simultane Verknüpfung mehrerer Datenquellen (z.B. durch Mischpult und Videodarstellung mit Bildteiler; Meier 1998). Auch hier muß das technisch Machbare ins Verhältnis zum Finanzierbaren, Zumutbaren und Praktikablen gesetzt werden. Gesammelt werden sollten auch Vorinformationen, die Untersuchungsteilnehmern gegeben wurden (z.B. Darstellungen des Forschungszwecks), Briefwechsel mit Untersuchten oder bewilligenden Institutionen.

Erste Gesprächseindrücke
Haben wir am Gespräch selbst teilgenommen, sollten wir bald unsere ersten Eindrücke notieren. Ohne innere Zensur ist aufzuschreiben, was auffiel, gestört oder irritiert hat. Es können eigene Befindlichkeiten notiert, Einschätzungen von Personen und Gesprächsmomente festgehalten werden, in denen besondere Spannung, Unsicherheit, Engagement etc. verspürt wurde. Die ersten Eindrücke können für die spätere Analyse sehr wichtig sein. Sie beinhalten oft Überlegungen, die später so selbstverständlich werden, daß sie nicht mehr formuliert werden (können) und führen zu ersten Interpretationshypothesen (z.B.: Wie ist ein bestimmter Eindruck zustandegekommen? Warum hat man sich als Teilnehmer unwohl gefühlt?). Wichtig sind auch Gesamteindrücke, die in der Detailanalyse nicht eingeholt werden bzw. durch den Überfluß der Einzelheiten verwässert werden. Zudem sind Beobachtungen zu Aufnahmesituation und Untersuchungsbeziehung zu notieren, die als Rahmenbedingung bei der Gesprächsanalyse zu beachten sind.

Datenmenge
Die Qualität von gesprächsanalytischen Untersuchungen beruht in erster Linie auf der detaillierten Analyse von Einzelfällen und nicht auf großen Stichproben. Gerade Anfänger im Bereich der interpretativen Forschung, die sich in Studium und Forschungspraxis an die Standards quantitativer Forschung gewöhnt haben, überschätzen die Zahl der Fälle, die als Untersuchungsmaterial notwendig sind, und unterschätzen den Aufwand, den Erhebung, Aufbereitung und Analyse eines Falles bedeuten. Häufig werden große Mengen von Material aufgenommen und transkribiert, von denen nur ein Bruchteil analysiert wird – oft bleibt gar nicht mehr die Zeit zur systematischen Analyse.

Da stets mit schlechter Datenqualität, unmotivierten Untersuchten oder Problemen, die durch die Untersuchungssituation entstehen, gerechnet werden muß, empfiehlt es sich, mehr Fälle aufzunehmen als analysiert werden sollen.[4] Bei vielen Untersuchungsfragestellungen ist es aber weder nötig noch ratsam, das gesamte Material in einem Zug zu erheben. Die Auswertung kann schon mit dem ersten erhobenen Fall beginnen und dann materialgestützt zu Fragen und Hypothesen führen, die die weitere Erhebung leiten (z.b. Abänderung von Aufnahmebedingungen, systematische Variation von Merkmalen der Gesprächsteilnehmer oder der Situation). Nach diesem Prinzip des *'theoretical sampling'* (Kelle/Kluge 1999; Strauss 1991; s.a. 6.5.) sind Erhebung, Auswertung und Theorie keine einmalig aufeinander folgende Stadien des Forschungsprozesses, sondern werden mehrfach durchlaufen.

Nutzung bereits vorliegender Korpora
Da der gesprächsanalytische Datengewinn sehr aufwendig ist, sollte geprüft werden, ob nicht auf bereits vorliegende Gesprächskorpora (= maschinenlesbare Sammlungen von Dokumenten natürlicher Sprache) zurückgegriffen werden kann – sei es als gesamte Datengrundlage oder lediglich ergänzend bzw. kontrastiv. Mittlerweile stehen zahlreiche Korpora als Textband, auf Cassette, im WWW oder als CD(-ROM) öffentlich zur Verfügung, teils auch in maschinenlesbarer Form; weitere können mit Genehmigung von Forschungsinstitutionen benutzt werden.

Die bekanntesten Gesprächskorpora sind das englische London-Lund Korpus (Svartvik/Quirk 1980) und die „Texte gesprochener deutscher Standardsprache I-IV" (1971ff.). Daneben gibt es Korpora zu spezifischen Gesprächstypen oder Sprechergruppen, wie z.B. zu Beratungsgesprächen, Jugendsprache oder betrieblicher Kommunikation; viele davon sind in der Phonai-Reihe des Tübinger Verlags Niemeyer erschienen. Über den größten Bestand an Gesprächskorpora verfügt in Deutschland das Deutsche Spracharchiv des Instituts für Deutsche Sprache (Mannheim); sie werden gegenwärtig für computergestützte Recherchen aufbereitet und stehen bereits teilweise als (Text- und Audio-)Datenbanken zur Verfügung; darüber hinaus werden Verfahren zur computergestützten morphosyntaktischen Korpusanalyse implementiert. Leider werden bislang Informationen über verfügbare bzw. existente Korpora nicht zentral gesammelt. Die umfassendste Übersicht über Gesprächskorpora im deutschen Sprachraum geben Wagener/Bausch (1997), für den angloamerikanischen s. Edwards/Lampert (1994) und Johansson/Stenström (1991).

Will man fremde Korpora benutzen, ist allerdings zu bedenken, daß Transkriptionskonventionen und -genauigkeit sehr variieren, oft nur Transkripte, nicht aber Ton- oder gar Videoaufnahmen verfügbar sind und die Rahmendaten der aufgenommenen Gespräche (Teilnehmer- und Aufnahmedaten, Gesprächsanlaß etc.) sehr unterschiedlich vollständig repräsentiert werden. Zudem bleibt meist im Dunkeln, wie die hier diskutierten Aufgaben bei der Datenaufnahme gehandhabt wurden.

---

4   Wenn Interviews, Therapiegespräche, Gruppendiskussionen, o.ä. im Rahmen von Qualifikationsarbeiten untersucht werden, sollten fünf bis zehn Fälle aufgenommen und inventarisiert werden, von denen zumeist drei transkribiert werden und zur Analyse kommen.

4. Aufbereitung des Datenmaterials zur Analyse

Die erhobenen Daten gewinnen schnell an Umfang. Sie müssen von Beginn an so aufbereitet und verwaltet werden, daß ein ökonomischer Überblick über das Material möglich wird, Stellen, die für bestimmte Fragestellungen einschlägig sind, schnell gefunden werden und Entscheidungen für Gesprächsausschnitte, die eingehender untersucht werden sollen, fundiert getroffen werden können. Die Aufbereitung der Daten erfolgt in vier Schritten:
- Erstellen von Gesprächsinventaren (4.1.),
- Näherbestimmung des Untersuchungsziels und
- Selektion der zu analysierenden Passagen (4.2.) sowie deren
- Transkription (5.).

Im Verlauf dieser Arbeiten schaffen wir nicht nur die materiellen Grundlagen für die Auswertung. Wir machen uns mit den Gesprächen vertraut, entdecken interessante Phänomene, lernen ihre unterschiedlichen Varianten kennen und entwickeln Untersuchungsideen und -hypothesen.

Zunächst sind einige *Datenschutzmaßnahmen* zu beachten. Sofern nicht Gespräche aus Massenmedien untersucht werden, müssen die Daten *anonymisiert* werden: Personen-, Orts- und Firmennamen, Datumsangaben und andere Sachverhalte (wie Berufsbezeichnungen, KFZ-Kennzeichen, Bilanzwerte), die einen Rückschluß auf die Identität der aufgenommenen Personen oder Organisationen erlauben, müssen abgeändert werden. Die Ersetzung durch Decknamen (= *Maskierung*) muß, auch über mehrere Gespräche hinweg, konsistent erfolgen; es empfiehlt sich, einen Maskierungsschlüssel anzulegen, in dem die Ersetzungen den originalen Ausdrücken zugeordnet werden.

Zur Ersetzung sind ein paar Faustregeln nützlich, die helfen, daß Informationen, die in den ersetzten Ausdrücken liegen, nicht verlorengehen.
- Um die prosodischen, insbesondere die rhythmischen Eigenschaften von Beiträgen zu erhalten, sollte die Maskierung ebenso viele Silben wie das chiffrierte Wort haben.
- Merkmale wie ethnische oder regionale Zugehörigkeit (z.B. türkische Namen), Kosenamen, Abkürzungen, „telling names" sollten in der Ersetzung übertragen werden.
- Soziologisch relevante Merkmale wie z.B. Prestige, Status und Bildungsstand, die mit Berufen verbunden sind, sollten in der Maskierung bewahrt werden.

4.1 Erstellen von Gesprächsinventaren

Ein Gesprächsinventar besteht aus zwei Teilen: einem Deckblatt des jeweiligen Gesprächs und dem Inventar des Gesprächsablaufs.

Das *Deckblatt* ist die Identitätskarte der Gesprächsaufnahme (Abb. 1): Es informiert über die wichtigsten Rahmendaten der Gesprächsaufnahme und über ihren Bearbeitungsstand. Es sollte Folgendes enthalten:

- Angaben zu den Gesprächsumständen: Titel und Nummer des Gesprächs im Korpus, Aufnahmeort, -datum, -zeit, Teilnehmer, Gesprächsdauer (evtl. Dauer einzelner Abschnitte);
- Sprechersiglenzuordnung: Jedem Sprecher sollte eine anonymisierende und ggfs. abkürzende Sigle zugeordnet werden (s.o.);
- Angabe von Abschnitten des Gesprächs, die bereits transkribiert wurden; Name der Transkribenten, Kontrolle der Transkription;
- allgemeine Bemerkungen zu Aufnahme und Medium (Audio, Video).

Hier können z.B. notiert werden:

- Bemerkungen zur Bandqualität, die größere Teile der Aufnahme betreffen,
- Bemerkungen zur Vollständigkeit der Aufnahme, z.B. wenn Teile auf Bitten der Untersuchten gelöscht wurden, Geräte defekt waren,
- Abbruch des Gesprächs, Komplikationen im Ablauf, Gesprächsausstieg einzelner Teilnehmer,
- besondere Eigenschaften einzelner Sprecher, die für die ganze Aufnahme gelten; z.B. „spricht oberfränkischen Dialekt", „spricht sehr leise".

Das *Inventar des Gesprächsablaufs* (Abb. 2) ist die Grundlage für die folgenden Arbeitsschritte. Es dient mehreren Zwecken:

- zur schnellen Übersicht über das Gesamtgespräch,
- zum systematischen Zugriff auf Materialstellen zu einer Untersuchungsfrage, vor allem zur Sammlung von Vergleichspassagen (z.B.: Wo kommt das gleiche oder ein entgegengesetztes Phänomen vor? Wo wird dasselbe Thema angesprochen?),
- um makroskopische Gesprächsentwicklungen zu erkennen, die in der Detailanalyse oft keine Kontur gewinnen,
- um zu transkribierende Abschnitte eindeutig zu markieren,
- um Entwicklungen innerhalb nicht-transkribierter Passagen abzuschätzen,
- als Basis für die Abfassung einer Globalparaphrase des Gesprächs.

Dazu kann man für jedes Gespräch ein Formblatt benutzen, das üblicherweise sechs Spalten umfaßt:

- Bei ‚Zeit' wird die Zeit eingetragen, die seit Beginn der Aufnahme im Gespräch verstrichen ist, bzw. die Uhrzeit, die auf einer Videoaufnahme eingeblendet ist.

Deckblatt des Gesprächsinventars

Gesprächsname und -nummer:	*Busfahrt Skaterhalle / Projekt 9*
Aufnahmedatum und zeit:	*2.10.1998, 16.30 h und 22h (Rückseite)*
Dauer der Aufnahme:	*40 Minuten Hinfahrt und 35 Minuten Rückfahrt*
Aufnahmeort:	*Ford Transit von Tobias*
SprecherInnen:	*Mathias = Andreas (AN); Dieter = Peter (PE); Doran = Murat (MU); Tobias Schulz = Axel (AX)*
Aufnahme liegt vor als Tonband:	*ja - nein - es fehlt; wurde erst 5 Minuten nach Beginn der Rückfahrt eingeschaltet*
Aufnahme liegt vor als Video:	*ja - nein - es fehlt;*
Kurzbeschreibung:	*Fahrt zur Skaterhalle in Tobias' Bus*
Allgemeine Bemerkungen:	*teilweise schwer verständlich wegen Motorgeräusch; PE singt weite Teile der Aufnahme kaum verständlich leise vor sich hin AN spricht starken südhessischen Dialekt*
Als Transkription liegen vor:	*Cassetenseite 1: Minuten 3:30-7:45 und 20:00-28:40*
TranskribentIn:	*Clara Zetkin*
Kontrolle der Transkription:	*Tobias Schulz*

Abb. 1.: Ausschnitt aus Deckblatt für Gesprächsinventar

Gesprächsinventar

Seite 1

GESPRÄCHSNAME/NR.: Busfahrt Skaterhalle / Juk 9

Zeit	Transkr	Sprecher	Inhalt – Handlung	Memo	Forschungsfrage
0:00		Alle	Einstieg ins Auto Streit um die Sitzplätze MU spricht mit dem Mikro	Thematisierung der Aufnahme	
0:50		AN, PE	Abfahrt; Lästern über Zustand des Autos „Nix in de Köpp die Studenteköpp"		Soziale Abgrenzung
1:50		AN, PE, MU	Beginnen mit Kartenspiel; abfällige Kommentare zu Passanten Erzählung über Mitschüler		Soziale Abgrenzung Fiktive Redewiedergaben
4:30		AN, PE, MU	Streit um Zigaretten und Rauchen im Auto; PE singt vor sich hin		Konflikt
5:00		alle	Diskussion über beste Fahrtroute und Fahrzeit	teilweise unverständlich	Konflikt
6:50			Tankpause		
8:50		AN, MU	Essen Chips, lesen einander aus Zeitschrift vor, tauschen Medienwissen aus und machen sich über Artikel lustig	laute Essensgeräusche	Medien

Abb. 2: Ausschnitt aus Gesprächsinventar

- Unter ‚Transkriptseite' (oder ‚Transkriptzeile') wird angegeben, ob ein Transkript existiert und wo darin der betreffende Gesprächsabschnitt zu finden ist.
- Unter ‚Sprecher' werden die Siglen verwendet, die im Deckblatt festgelegt sind. Besonders in Gesprächen mit mehr als zwei Teilnehmern reicht es in vielen Phasen aus, die Gesamtgruppe als Sprecher einzusetzen oder eine Kurzunterhaltung zwischen zwei Beteiligten einzutragen.
- In der Spalte ‚Inhalt/Handlung' sind wesentliche Gesprächsthemen und -phasen (z.B. Eröffnung/Vorstellung von Teilnehmern, Konfliktepisoden, Nebensequenzen) festzuhalten. Die Beschreibung sollte einfach und stichwortartig sein. Prägnante Formulierungen der Sprecher können direkt zitiert werden. Phasen, in denen nicht über Inhaltliches gesprochen wird, sind durch Aktivitäten zu beschreiben (z.B. bespucken Passanten; frotzeln; Verabschiedung).
- Unter ‚Memo' können Auffälligkeiten verschiedenster Art notiert werden, die für die Analyse interessant sein können:
  - non- und paraverbale Phänomene (wie „blättert in Unterlagen", „Lachepisode", „Erregtheit", „spricht sehr leise/laut"),
  - schlechte Band-/Bildqualität,
  - besonders auffällige Formulierungen,
  - rätselhafte, unpassende Verhaltensweisen,
  - Veränderungen der Gesprächsatmosphäre („Gespräch wird flüssiger", „aggressiv"),
  - Kommen und Gehen von Gesprächsteilnehmern,
  - Störungen der Aufnahme durch Lärm, dritte Personen etc.
- Die Kategorie ‚Forschungsfrage' wird dann ausgefüllt, wenn Passagen ein bestimmtes Phänomen enthalten, das untersucht werden soll. Diese Kategorie wird oft erst bei der weiteren Materialbearbeitung gefüllt.

Für die Inventarisierung sollte kein hohes Auflösungsniveau gewählt werden. Sie sollte – abhängig von der Aufnahmequalität – nicht mehr als dreimal so lange wie das Gespräch dauern. Eine Inventarseite erfaßt ca. 5-10 Minuten der Aufnahme.

Die Inventarisierung ist keine Kurztranskription. Beschreibungen von Gesprächsabschnitten und die bei der Inventarisierung identifizierten Fälle eines interessierenden Phänomens sind *keinesfalls* als *endgültig* zu betrachten, sondern müssen durch detaillierte Analysen (6.) eingeholt werden. Dabei kann sich ergeben, daß Interpretationen und Zuordnungen zu revidieren sind.

4.2 Näherbestimmung des Untersuchungsziels und Selektion von Analyseausschnitten

Die Inventarisierung verschafft einen Überblick über die Daten und vermittelt erste Zugänge zu interessanten Phänomenen. Oft ist in den Gesprächen vieles anders als erwartet verlaufen, und es bilden sich diffuse oder globale Eindrücke (z.B. hinsichtlich einzelner Teilnehmer oder Gesprächsphasen), denen in genaueren Analysen nachzugehen ist. Vor diesem Hintergrund ist die anfängliche Forschungsfrage neu zu überdenken und zu präzisieren:

- Ist sie überhaupt untersuchbar?
- Ist sie zu weit gefaßt, muß sie präzisiert werden? Ist sie in Teilfragen zu gliedern?
- Ist die Beantwortung anderer Fragen vorgelagert, bevor man sie angehen kann?
- Ist sie überhaupt relevant, steht für die Gesprächsteilnehmer vielleicht ganz anderes im Vordergrund, das das Gespräch beherrscht?

Dieser Schritt sollte nach Möglichkeit im Rahmen einer Diskussion in einer Arbeitsgruppe, mit Mitarbeitern, Betreuer o.ä. erfolgen. Der Untersucher sollte dabei seine Eindrücke und seine Einschätzung des Materials darstellen und Ideen zur Näherbestimmung der Forschungsfrage entwickeln sowie Probleme und Alternativen ansprechen.

Da die Entwicklung der Forschungsfrage im weiteren Forschungsprozeß fortschreitet, sind hier keine abschließenden Festlegungen gefordert. Es geht vielmehr darum, das Erkenntnisinteresse anhand einer ersten Auswahl von Gesprächspassagen zu konkretisieren, an denen die analytische Arbeit beginnen kann. Damit sind auch die Abschnitte festgelegt, die transkribiert werden müssen. Im folgenden nenne ich einige Faustregeln zur *Selektion*.

- Es sollten Passagen gewählt werden, die in *direktem Bezug zu den primären Untersuchungsfragen* stehen. Besonders einschlägig sind Segmente, in denen die Gesprächsteilnehmer sich expressis verbis auf die interessierenden Phänomene beziehen, also mit *Ethnokategorien* operieren (z.B. Lügenbezichtigungen, wenn es um Glaubwürdigkeit geht, oder Thematisierungen von Emotionen, wenn wir an Emotionsausdruck interessiert sind). Zudem sind solche Passagen zu wählen, die besonders *zentrale* oder *klare Fälle* für einen Problemkomplex zu sein scheinen.
- Es müssen thematisch bzw. handlungslogisch abgeschlossene Einheiten gewählt werden, deren Grenzen von den Interaktanten durch einen deutlich erkennbaren Anfang und Abschluß markiert werden (z.B. eingelagertes Interview; Vorstellung der Teilnehmer; Anlaß, Austragung und Auflösung eines Konflikts; Frage, Antwort und Reaktion auf Antwort). Werden solche *„natürlichen" Einschnitte* im Gesprächsverlauf nicht berücksichtigt, entsteht die Gefahr von Fehlinterpretationen, da entscheidende Handlungsvoraussetzungen ignoriert werden und die kontextgebundene Motivation eines Gesprächsausschnitts nicht mehr zu rekonstruieren ist.
- Bei vielen Untersuchungsfragen empfiehlt es sich, mit dem *Gesprächsbeginn* einzusetzen (z.B. wenn Interaktionsbeziehung oder Selbstdarstellung interessieren), zumindest beim ersten Aufkommen eines zu untersu-

chenden Themas/Problems. *Initialpassagen* sind häufig für die interessierende Frage besonders aufschlußreich. Vor allem aber geschehen in ihnen Rahmensetzungen, die für den weiteren Verlauf des Gesprächs maßgebend sind; sie zu ignorieren kann zu Analyseproblemen, -fehlern und -unsicherheiten führen. Andererseits empfiehlt es sich oftmals, *spätere Aufnahmephasen* zu wählen, in denen die Untersuchten weniger davon beeinflußt sind, aufgenommen zu werden.

- *Auslassungen* von Gesprächsabschnitten bergen die Gefahr, daß im Ausgesparten Ereignisse stattfinden, die für die Analyse des Ausgewählten entscheidend sind. Es sollte überlegt werden, *warum* welcher Ausschnitt weniger relevant erscheint – und zugleich berücksichtigt werden, daß auf keinen Fall alle Gesprächspassagen gleichmäßig intensiv ausgewertet werden können! Selektionsentscheidungen sind unerläßlich.

Der Auswahlprozeß muß *keine einmalige Prozedur* sein. Meist ist es günstig, die Analyse mit einer recht früh im Gespräch liegenden Stelle zu beginnen und nach den ersten Resultaten zu entscheiden, was in weiteren Schritten untersucht und welches Material entsprechend ausgewählt werden soll. So spart man zeitintensive Transkriptionen, die nicht ausgewertet werden.

Wenn sich das Untersuchungsinteresse auf eine *Typenbildung* oder die erschöpfende Erfassung aller Vorkommen eines Phänomens richtet (s. 6.5.), kann es sinnvoll sein, eine *Kollektion* aller Segmente anzulegen (Hutchby/ Wooffitt 1998, 93ff.), die für die Forschungsfrage einschlägig sind (z.B. alle quantifizierenden Äußerungen in einer gesundheitspolitischen Auseinandersetzung: Potter/Wetherell 1994). Besonders wird sich dieses Vorgehen empfehlen, wenn sehr oberflächennahe Merkmale untersucht werden, die unabhängig vom weiteren Untersuchungsverlauf feststehen, oder wenn alle Thematisierungen bestimmter Gesprächsinhalte erfaßt werden sollen. Wurde eine solche Kollektion gebildet, kann sie in *Subklassen* unterteilt werden (z.B. Angaben absoluter vs. relativer Quantitäten), für die jeweils ein *prototypischer Fall* bestimmt wird, der dann detailliert nach den Prinzipien, die in 6.2. dargestellt werden, analysiert wird.

Die Bildung von Kollektionen birgt die Gefahr, Kategorien, die nicht aus detaillierter Materialanalyse gewonnen wurden, vorschnell als relevante Strukturierung für die untersuchten Gespräche festzuschreiben. Sie kann allerdings vorteilhaft sein, wenn es darum geht, zunächst einmal die Spannweite relevanter Ereignisse zu erfassen und sie grob typologisch zu differenzieren – ggfs. auch für anschließende Auswahl- und Eingrenzungsentscheidungen. Dabei können meist unterschiedliche Ordnungsgesichtspunkte herangezogen werden (z.B. Angaben absoluter vs. relativer Häufigkeiten; Behaupten vs. Bestreiten von Zahlenangaben), und die Inklusivität von Kategorien kann gestaffelt werden (Mengenangaben > numerische Mengenangaben > absolute Mengenangaben; vgl. Potter/Wetherell 1994). Indem so zahlreiche Materialsegmente miteinander verglichen werden, gelangt man relativ schnell und materialgestützt zu Dimensionen, hinsichtlich derer sich unterschiedliche Varianten einer Gesprächspraktik, einer Problembearbeitung etc. unterscheiden. Dieses Wissen kann in der anschließenden Detailanalyse genutzt werden und schützt vor vorschnellen Verallgemeinerungen (vgl. 6.5.).

5. Transkription

Unter ‚Transkription' versteht man die Verschriftung von akustischen oder audiovisuellen (AV) Gesprächsprotokollen nach festgelegten Notationsregeln. In diesem Kapitel bespreche ich,

- warum Transkripte für die Gesprächsanalyse nötig sind (5.1.),
- welche Gesprächsmerkmale in Transkripten erfaßt werden und
- wie Transkriptionssysteme an Untersuchungsfragen anzupassen sind (5.2.).

5.1 Zweck des Transkribierens

Daß Gespräche mündlich geführt werden, ist eine triviale Feststellung, die doch sehr weitreichende Folgen für ihre Protokollierung und Analyse hat. Bei der Transkription geht es nämlich darum, Ereignisse, die im akustischen (und ggfs. auch visuellen) Medium stattgefunden haben, in einem anderen (graphischen) Medium zu repräsentieren. Dieser mediale Übergang von der *Mündlichkeit* zur *Schriftlichkeit* wird dadurch erschwert, daß unsere Auffassung von Sprache durch die orthographischen und grammatischen Regeln für schriftliche Standardsprache und die mit ihnen verbundenen Vorstellungen von „gutem Deutsch" geprägt ist (Fiehler 1994). Viele dieser Korrektheitsstandards sind nicht auf Gespräche zu übertragen: Formulierungskorrekturen, Wort- und Konstruktionsabbrüche, Interjektionen, Verzögerungen, Schweigephasen, dialektale Lautungen und anderes, was gängige, also schriftsprachliche Grammatiken als Fehler und Abweichung ansehen, ist in Alltagsgesprächen an der Tagesordnung. Gespräche galten daher lange als zu chaotisch, um in ihren Details wissenschaftlich untersucht werden zu können. Konversationsanalytische und linguistische Forschungen zur gesprochenen Sprache haben jedoch gezeigt, daß solche scheinbar unordentlichen und belanglosen Phänomene systematisch eingesetzt werden und regelhaften Verwendungen und Interpretationen unterliegen (im Überblick: Schwitalla 1997). So geben etwa Zuhörer mit verschieden intonierten Interjektionen (wie „hm", „mhm" oder „aha") dem Sprecher sehr unterschiedliche Rückmeldungen (Ehlich 1986; Schegloff 1982), Schweigephasen können z.B. je nach Plazierung, Länge und nachfolgender Gesprächsfortsetzung sehr verschiedene Bedeutungen erlangen (Meise 1996).

Solche Ergebnisse konnten nur aufgrund der Analyseprämisse ‚*order at all points*' (Sacks 1984; Bergmann 1988b) gefunden werden. Sie beinhaltet, jedes Detail als sinnvoll motiviert zu behandeln und aufzuweisen und kein Element von vornherein als zufällig oder unwichtig auszuschließen. Dies ist nur möglich, wenn solche von der schriftsprachlichen Norm oder anderen, z.B. inhaltlichen, Erwartungen abweichende Phänomene präzise und systematisch nach einer eigens für gesprochene Sprache entwickelten Transkriptionskonvention notiert und nicht schriftsprachlich „verbessert" werden. Das genaue Hinhören und die „demütige" Verschriftung von Details, so merkwürdig, widersinnig oder unwichtig sie auch zu sein scheinen, erfordern einige Übung. Transkribenten dürfen auf keinen Fall „Ordnung in das Gespräch bringen", indem sie Versprecher bereinigen, Korrekturen weglassen, Abbrüche ergänzen, Ungrammatisches berichtigen, Pausen eliminieren, Überlappungen entzerren etc.

Zwar weisen Transkripte gegenüber den AV-Aufzeichnungen, die ihnen zugrundeliegen, einige Nachteile und Probleme auf (s.u.). Sie sind aber aus datenschutzrechtlichen und medialen Gründen unumgänglich, da in den üblichen Publikationsformen (Bücher, Zeitschriften) AV-Materialien bisher kaum veröffentlicht werden. Transkripte bieten auch für die Auswertungspraxis Vorteile. Sie ermöglichen die *extensive und beliebig oft wiederholbare Analyse* eines Datensegments, während AV-Materialien aufgrund ihrer zeitlichen Dynamik und der Flüchtigkeit der Wiedergabe umständlicher zu handhaben (Vor- und Zurückspulen) und mehr von schwankenden Aufmerksamkeits- und Gedächtnisleistungen der Analytiker abhängig sind. Transkripte bieten einen leichteren Überblick über Verläufe und ermöglichen es, ein Datensegment beliebig lange in bezug auf unterschiedliche Gesichtspunkte in verschiedenen Auflösungsniveaus zu untersuchen. Zudem kann man verschiedene Textstellen simultan vergleichen oder zu Vergleichszwecken zusammenstellen. Schließlich zwingt die Transkription dazu, sich exakt darüber Rechenschaft abzulegen, wie dasjenige Merkmal zu *beschreiben* ist, das für eine Interpretation ausschlaggebend ist. Diese Explikation ist die Voraussetzung dafür, daß Annahmen über Eigenschaften und Zusammenhänge in Gesprächsprozessen wissenschaftlich kommuniziert werden können (und nicht nur Eindrücke und Anmutungen bleiben, deren Grundlage nur empfunden, nicht aber erkannt ist).

5.2 Transkriptionssysteme

Obwohl sich Transkripte gegenüber anderen Darstellungsformen (wie Paraphrasen, Codierungen, Ratingskalen etc.) durch entscheidend größere Abbildtreue auszeichnen, spiegeln sie Gesprächsverläufe nicht unvermittelt wider. Sie sind stets selektive und abstrahierende Ausschnitte aus der Gesamtheit des Gesprächsgeschehens, die dieses auf ausgewählte verbale Aktivitäten reduzieren, die hinsichtlich einzelner Merkmale wiedergegeben werden.[1]
Was und wie transkribiert wird, beinhaltet immer auch eine – wenn auch oft wenig reflektierte und rudimentäre – Theorie gesprochener Sprache und eine Interpretation des Gesprächs (Ochs 1979).[2] Diese Theorie wird wesentlich durch die Transkriptionskonventionen bestimmt. Sie legen fest, wie welche akustischen Phänomene graphisch wiederzugeben sind.

Ich stelle zunächst die wichtigsten Parameter der Transkription verbaler Interaktion am Beispiel des Systems GAT vor und diskutiere Aspekte der Konstruktivität von Transkriptionen. Anschließend bespreche ich Kriterien für die Anpassung von Transkriptionssystemen an den Untersuchungskontext.

Wiedergabe verbaler Interaktion im gesprächsanalytischen Transkriptionssystem (GAT, s. Anhang)
An Transkriptionssysteme sind prinzipiell widersprüchliche Anforderungen gestellt: In praktischer Hinsicht sind einfache Lesbarkeit auch für Laien, schnelle Erlernbarkeit und unproblematische Realisierbarkeit in gängigen Textverarbeitungssystemen wünschenswert, aus gegenstandsbezogen-theoretischen Gründen wünscht man sich dagegen Umfassendheit, Präzision und Repräsentation formbezogener Parameter, die das akustische Geschehen möglichst interpretationsarm und isomorph wiedergeben. Das gesprächsanalytische Transkriptionssystem (GAT; Selting et al. 1998) vereinbart m.E. derzeit am besten diese Kriterien.[3] Zudem sieht GAT vor, daß je nach Forschungsanliegen unterschiedlich differenziert transkribiert werden kann.

---

1 Allerdings sind auch die Wahrnehmungen der Gesprächsteilnehmer immer nur selektiv, und einiges von dem, was ein Transkript wiedergibt, werden sie nicht bemerkt haben.
2 Der Versuch, ein Gespräch zu transkribieren, das in einer völlig unbekannten Sprache geführt wird, würde sehr drastisch verdeutlichen, wie theorie- und wissensabhängig die scheinbar nur auf auditiver Wahrnehmung beruhende Tätigkeit des Transkribierens ist! Schon die Identifikation und Wiedergabe von Lautabfolgen würde weitenteils unüberwindliche Schwierigkeiten bereiten, und die Festlegung von Wortgrenzen wäre unmöglich.
3 Edwards und Lampert (1993) geben einen Überblick über weitere gängige Transkriptionssysteme, u.a. das in der deutschen Linguistik weit verbreitete System HIAT (Halbinterpretative Arbeitstranskription von Ehlich und Rehbein) und das System der interaktionalen Soziolinguistik (Gumperz). Bekannt sind weiterhin die konversationsanalytischen Notationskonventionen von Gail Jefferson (Schlobinski 1996, 60ff.), das vor allem in der deutschen interpretativen Soziologie benutzte System von Kallmeyer und Schütze (1976) und die Konventionen des Instituts für Deutsche Sprache (Klein 1993).

Ein Transkript besteht aus drei Spalten. Die erste enthält eine durchlaufende Zeilennummer, die zweite die Siglen der Sprecher, die dritte das Transkript ihrer Äußerungen. In der Zeilenschreibweise werden die Beiträge der Sprecher in ihrer Reihenfolge untereinander geschrieben. Jeder Sprecher erhält eine eigene, neue Zeile. Sprechen zwei oder mehrere Sprecher parallel, ist anzugeben, wann die Überlappung einsetzt und wann sie endet.

Die Lautung wird in *literarischer Umschrift* wiedergegeben. Sie lehnt sich an die Standardorthographie an und erfaßt umgangssprachliche und dialektale Lautungen (wie „des mache mer jetz"), benutzt aber durchgehend Kleinschreibung, um den mündlichen Charakter der Daten zu betonen. Phonetische Merkmale, die zwar von der graphischen Repräsentation abweichen, aber als Standardlautung gelten (z.B. bei Vokalverschleifung von „machen" zu „machn"), werden nicht erfaßt, und es wird auch nicht zwischen verschiedenen phonetischen Realisierungen eines Phonems unterschieden. Z.B. werden [z] in „Platz" und [tz] in „Reiz" beide als Graphem <z> wiedergegeben, die unterschiedlichen Realisierungen von /s/ als [s] in „Reis" und als [3] in „Reise" werden beide mit <s> repräsentiert. Wenn die genaue Repräsentation phonetischer Merkmale für die Untersuchung wichtig ist, kann nach den Konventionen des internationalen phonetischen Alphabets (IPA) ein Transkript in *phonetischer Umschrift* angefertigt werden. Die Laute werden dann nach ihrem Artikulationsort und ihrer Artikulationsweise repräsentiert (Dürr/Schlobinski 1994, 31ff.).

An der Frage der Wiedergabe von Lautungen läßt sich sehr gut erkennen, daß Transkripte theoriehaltige und konstruktive Repräsentationen sind (Duranti 1997, Kap. 5): Das Transkript beruht auf der schriftsprachlichen Prämisse, daß Menschen in einzelnen Wörtern sprechen, während in der gesprochenen Sprache die Lautproduktion nur selten zwischen Wörtern unterbrochen wird; weil die Transkription von der Standardorthographie ausgeht, erscheinen Dialektpassagen besonders abweichend, da bei ihnen mangels standardorthographischer Konventionen oft lautnäher transkribiert wird als bei Standardsprechern (z.B. alemannisch „machet", aber nicht standarddeutsch „machn" für schriftsprachlich „machen"; alemannisch „selbscht" für „selbst", aber nicht „schtein" für „Stein"). Andererseits sichern Konzessionen an schriftsprachliche Gewohnheiten, daß das Transkript auch linguistisch nicht geschulten Lesern leicht zugänglich ist. Gespräche, die aus einer anderen als der Veröffentlichungssprache der Publikation stammen, können entweder in *freier Übersetzung* oder mit zusätzlicher *Interlinearübersetzung* zur Darstellung der grammatischen Struktur wiedergegeben werden. Bei letzterer wird die Wortfolge des Originals beibehalten, und die morphosyntaktischen Eigenschaften der Ausdrücke werden expliziert. Ein französisches Beispiel:

Il   n'   y   a   aucun   problème
PRO-MASC-3SG NEG-PRT da-PRO-ADV haben-3SG-PRÄ ART-INDEF Problem
Es gibt überhaupt kein Problem

Die morphosyntaktische Darstellung hängt davon ab, welche grammatische Theorie bevorzugt wird und welche Merkmale als analysebedürftig gelten. Die Lexeme werden in Standardschriftart übersetzt. Die grammatischen Kategorien werden in Kapitälchen abgekürzt und sollten in einem Glossar erklärt werden, da es verschiedene Abkürzungsgeflogenheiten gibt:

PRO-MASC-3SG	Maskulines Personalpronomen in der 3. Person singular
NEG-PRT	Negationspartikel
PRO-ADV	Pro-Adverb
3SG-PRÄ	3. Person singular Präsens
ART-INDEF	unbestimmter Artikel

Um die wesentlichen organisatorischen und bedeutungstragenden Eigenschaften verbaler Interaktion erfassen zu können, müssen Notationen für die wichtigsten *prosodischen Parameter* eingeführt werden. Zur Prosodie gehören sog. *suprasegmentale* Aspekte der Rede, also solche, die sich über mehrere Phoneme hinweg erstrecken. Sie werden aus den akustischen Parametern Frequenz, Intensität und Dauer gebildet (Selting i.Dr.):

- *Pausen* können sich vom kurzen Absetzen innerhalb der Rede bis hin zu Gesprächsflauten von mehreren Sekunden erstrecken. In der Regel sollten sie auf einer eigenen Zeile notiert werden, da die Zuschreibung einer Pause zu einem Sprecher bereits eine Interpretation beinhaltet.
- *Intonation* ist die Tonhöhenbewegung im Verlauf von Tongruppen. Besonders wichtig ist die Intonation am Ende von Einheiten, da sie maßgeblich für den Handlungscharakter einer Äußerung – handelt es sich z.B. um eine Frage oder um eine Feststellung – und für die Organisation des Sprecherwechsels ist – zeigt der Sprecher an, daß er weitersprechen will oder gibt er das Rederecht ab? In differenzierteren Transkripten können zusätzlich der Tonhöhenverlauf auf Akzenten, die Basistonhöhe, mit der ein Sprecher einsetzt ‚onset'), und besondere Tonhöhensprünge notiert werden. Weitere Verfeinerungen sind mit apparativen Wiedergaben zu erreichen: Die f_0-Extraktion gibt den Grundfrequenzverlauf der Rede kontinuierlich wieder, die Frequenzspektralanalyse (auch ‚Sonagramm' genannt) stellt den Amplitudenverlauf des Frequenzspektrums und die Lautstärke einzelner Frequenzbereiche im Prozeß der Rede dar.
- *Lautstärke* und
- *Sprechgeschwindigkeit* sind besonders wichtig zur Signalisierung der Relevanz und des Zusammenhangs von Redeteilen. Zusätzlich zu notieren sind *Dehnungen* einzelner Laute (meist Vokale).

Weitere wichtige Größen entstehen aus Kombinationen der Parameter Tonhöhe, Dauer, Segmentierung und Lautstärke.

- *Akzente* bestehen meist nicht nur aus Betonung (= lauter), sondern auch aus simultaner Tonhöhenveränderung und meist leichter Dehnung. Die übliche Betonung bestimmter Silben eines Wortes (‚Wortakzent') wird nicht eigens notiert. Wenn aber solche Silben hervorgehoben werden, die

üblicherweise unbetont bleiben (z.B. „maCHEN" statt „MAchen"), wird dies angegeben; ebenso wird notiert, wo der primäre Akzent („nucleus') einer ‚Tongruppe', d.h. einer Intonationseinheit, die oft, aber nicht immer einem Satz entspricht, liegt (Couper-Kuhlen/Selting 1996).
- Die Abfolge und das Tempo akzentuierter und unakzentuierter Silben ergeben – oft in Kombination mit wiederholten Intonationsmustern – den *Rhythmus*. Seine Regularitäten und Brüche können durch eine besondere Schreibweise aufgezeigt werden: Redepassagen werden in rhythmische Komplexe (,Kadenzen') aufgeteilt und gemäß ihrer Isochronieverhältnisse untereinander dargestellt (Auer/Couper-Kuhlen 1994).[4]
- Formbestimmte Parameter reichen nicht aus, um die *Stimmodulation* darzustellen. Qualitäten wie „gepreßt", „weinerlich", „singend", „scharf" oder „rauh" können zwar manchmal durch prosodische und phonetische Notation angedeutet werden, meistens muß aber zusätzlich ein beschreibender Kommentar ins Transkript aufgenommen werden.

01	Alex	NU:R was ich FRAgen wollte is : :– COOlio
02	Alex	ä : : h was weiß ich– (.) is=n SCHWARzer ja,
03	Alex	[aus] amERika ja; (.) un die ONkelz sin: ,
04	Kanen	[ja–]
05		(– –)
06	Nadine	DEUTSCHE.
07	Alex	=deutsche die: ZIEMlich rechten ROCK machen,
08	Micha	ja : : = [s is OKEE SIE WARN MA (härter;)]
09	Nadine	[nicht mehr (. . .)]
10	Alex	[des stimmt nicht MEHR;]
11	Kanen	[ja A abber–]

Abb. 3: Beispiel für Basistranskript

Konstante, für das ganze Gespräch bzw. einen vollständigen Abschnitt geltende Eigenschaften (wie sehr schnelles oder lautes Sprechen eines Teilnehmers) können auch im Kopf des Transkripts notiert werden. Wichtiger als die absoluten Werte der genannten Parameter sind ihre *relativen Werte und Veränderungen* im Gesprächsverlauf (also „lauter", „schneller", „steigende Intonation" etc.; 6.2., II). Zur vokalen Transkription gehört außerdem die Erfassung aller *nicht-lexikalisierten Laute* wie Lachen, Interjektionen, deutlich hörbares Ein- und Ausatmen, Husten, Seufzen etc. Sie werden oft nur durch generische Beschreibungen (wie „lacht") wiedergegeben, die (phonetische

---

4 ‚Isochronie' betrifft die Frage, inwieweit sich rhythmische Muster mehrerer Gesprächsteilnehmer decken und inwiefern sie in Einsatz und Abfolge miteinander synchronisiert sind.

u.a.) Art und Weise ihrer Realisierung ist aber häufig entscheidend für die
Interaktion (Jefferson 1985).

01	Alex	⸌ NU:R <<acc>> was ich ⁻FRAgen wollte is : : – >
02	Alex	↑ ⁻COOlio ä: : h <<all> ↓was weiß ich –> (.)
03	Alex	is=n `SCHWARzer ja, [aus] am´`ERika ja; (.)
04	Kanen	[ja–]
05	Alex	un die ⁻ONkelz sin: ,
05		(– –)
07	Nadine	. hh <<f> `DEUTsche.>
08	Alex	=deutsche die: ↑`ZIEMlich
09	Alex	rechten `ROCK machen,

Abb. 4: Beispiel für Feintranskript

Transkription nonvokaler Phänomene
Hierzu gehören Umgebungsgeräusche (wie laufendes Fernsehprogramm, Türenschlagen) und – wenn eine Videoaufnahme vorliegt – gegenständliche Handlungen (wie Blättern in Unterlagen, eine Notiz verfassen) sowie die nonvokale Kommunikation. Sie umfaßt Proxemik (das Näheverhalten: sich jemandem nähern), Körperbewegungen (Kinesik: Haltungsveränderungen, Beifall klatschen, Nicken, Kopf schütteln), Mimik, Gestik und Blickrichtung bzw. Orientierung des Gesichts, die wichtig ist, um zu entscheiden, an wen sich der Sprecher wendet bzw. wem er seine Aufmerksamkeit schenkt. Üblicherweise notiert man diese Phänomene in einer separaten Zeile unter der Zeile, in der simultane Sprecherbeiträge erfaßt werden; ihre Dauer wird durch Extensionszeichen markiert, die Anfang, Ende und ggfs. Höhepunkt der Aktivität im Verhältnis zu gleichzeitigen verbalen Äußerungen angeben.
Die Transkription nonvokaler Phänomene ist erheblich aufwendiger, komplizierter und oft auch technologisch voraussetzungsvoller als die Verschriftung der vokalen Kommunikation. Dies beschränkt erheblich den Umfang der Gesprächsausschnitte, die transkribiert werden können. Aufgrund der Vielfalt einander überlappender, potentiell wiederzugebender Sachverhalte und Ereignisse in Gesprächen mit mehreren Teilnehmern werden die Grenzen der Lesbarkeit der Transkription bald erreicht. Besonders schwierig sind die Darstellung langandauernder, kontinuierlicher Prozesse, die Beschreibung mehrerer Ebenen asynchroner nonvokaler Kommunikationen bei mehreren Interaktanten und die geeignete Repräsentation zeitlicher Parameter, vor allem wenn keine verbale Kommunikation stattfindet, die als „Anker" dienen könnte. Aus diesen Gründen können nonvokale Phänomene nur sehr selektiv notiert werden, und die vorliegenden Repräsentationsformate erfassen denn auch jeweils lediglich Ausschnitte des nonvokalen Gesche-

hens. Von Gesprächsbeginn an relevante und evtl. gar unveränderte Merkmale wie die Sitzordnung oder andere räumliche Gegebenheiten (auch Kleidung) können im Transkriptkopf notiert werden. Eine lückenlose Verlaufsdarstellung kann nur von isolierten nonvokalen Phänomenen wie Beifall (Atkinson 1984), Blickkontakt (Goodwin 1981) und ausgewählten kinetischen Phänomenen (Goodwin/Goodwin 1992) angefertigt werden. Außerdem können Zeichnungen (Haviland 1996) oder digitalisierte (Stand-)Bilder (Heath 1997) in den Text integriert werden.

Kriterien für Transkriptionsentscheidungen
Transkripte werden verwendet, weil die Gesprächsanalyse ihre Ergebnisse anhand einer naturalistischen, passiv registrierenden Datengrundlage gewinnen will. Wir haben aber gesehen, daß Transkribieren in vielfältigen Hinsichten ein selektiver und konstruktiver Prozeß ist. Dies stellt den Wert von Transkriptionen nur dann grundsätzlich infrage, wenn man davon ausgeht, daß es eine „eigentliche Gesprächsrealität" gebe, die der einzig legitime Untersuchungsgegenstand sei.[5] Die Einsicht in die Konstruktivität und Theoriehaltigkeit von Transkripten hat m.E. vielmehr zur Konsequenz, daß wir uns (auch unseren Lesern) einerseits über unsere Entscheidungen beim Transkribieren genaue Rechenschaft ablegen müssen, zum anderen, daß es nicht *das* perfekte Transkript eines Gesprächs gibt, sondern nur eines, das mit Blick auf unsere Erkenntnisinteressen und Repräsentationsziele möglichst gut ist (Duranti 1997, Kap. 5). Eine zweite Konsequenz besteht darin, Analysen nie nur auf das Transkript, sondern *immer auch* auf eine gründliche Analyse der *AV-Aufnahme* zu stützen. Außerdem sind einige Gesichtspunkte für die Gestaltung des Transkripts und die Wahl von Konventionen zu berücksichtigen:

- *Praktikabilität*: Die Konventionen sollten leicht zu erlernen, auf PC mit Standard-Textverabeitungs-Software zu realisieren, möglichst (z.B. ikonisch) einleuchtend sein und an verbreitete Gepflogenheiten anknüpfen.
- *Lesbarkeit*: In Veröffentlichungen sollten Repräsentationsformen benutzt werden, die dem angesprochenen Leserkreis geläufig sind; sonst besteht die Gefahr, daß die Transkripte nicht oder nur sehr oberflächlich zur Kenntnis genommen werden. Solange dies nicht auf Kosten der analytisch relevanten Phänomene geht, sind vor allem für nicht-linguistische Publika Vereinfachungen angeraten. Zu beachten ist auch, daß bei überaus detaillierter Transkription Gestaltzerfall eintritt: Das transkribierte

---

5   Schon die Tatsache, daß jeder Gesprächsteilnehmer aus seiner visuellen, akustischen, attentativen und interpretativen Perspektive das Interaktionsgeschehen anders wahrnimmt, zeigt, daß eine „eigentliche Gesprächsrealität" im strikten Sinne eine objektivistische Fiktion ist, denn es gibt keinen a priori privilegierten Ort, von dem aus diese festzustellen wäre (Cook 1990). Auch die häufig geführte Rede, das Transkript erfasse nie die Fülle des ursprünglichen Geschehens, erscheint mir einseitig, denn es wird in situ von keinem der Beteiligten in seiner potentiellen Fülle wahrgenommen, sondern oft noch viel fragmentarischer und standortgebundener als in einem Transkript aufgefaßt.

kommunikative Ereignis erscheint so verfremdet, daß nur noch routinierte Leser zu einer Vorstellung vom wiedergegebenen kommunikativen Prozeß gelangen. Notationsregeln müssen in Veröffentlichungen abgedruckt werden.
- *Relevanz*: Das System muß diejenigen Phänomene erfassen, die für die Untersuchungsfragestellung und für die Gesprächsteilnehmer (vermutlich) relevant sind. Diese Forderung ist besonders tückisch, da grundsätzlich zirkulär: Was relevant ist und wie detailliert, in welcher Notation etc. ein Gesprächsabschnitt wiedergegeben werden muß, um das zu erfassen, was tatsächlich interaktive Bedeutung und Konsequenzen hat, wird ja erst durch die Gesprächsanalyse selbst beantwortet, die sich ihrerseits aber schon auf Transkripte stützt! Dieses Problem kann manchmal dadurch gelöst werden, daß diejenigen Parameter erfaßt werden, die sich in bisherigen Forschungen als relevant erwiesen haben. Außerdem kann durch die Arbeit mit der *AV-Aufnahme* das Transkript nachträglich korrigiert und verfeinert werden. Das Relevanzkriterium fordert, daß solche Phänomene besonders genau wiederzugeben sind, die den Gegenstand der Untersuchung bilden und auf die sich analytische Aussagen stützen. M.a.W.: Das Transkript soll so beschaffen sein, daß es dem Leser erlaubt, die Fundierung und die Validität der Ergebnisse einzuschätzen; es muß also auch solche Aspekte enthalten, die geeignet wären, die Analyse zu widerlegen. Das Transkript sollte dagegen auf Detaillierungen verzichten, wenn diese für die Analyse irrelevant sind. Aus diesen Überlegungen ergibt sich eine *allgemeine Regel des Auflösungsniveaus*: Das Auflösungsniveau des Transkripts muß mindestens eine Abbildungs- bzw. Beschreibungsebene detaillierter sein als das Auflösungsniveau, auf dem der Untersuchungsgegenstand definiert ist. Nur so ist gewährleistet, daß mit dem Transkript untersucht werden kann, wie die Phänomene im Gespräch konstituiert werden (anstatt ihre Existenz im Transkript schon vorauszusetzen).

  Z.B. sollte bei der Untersuchung von Ironie auf den Kommentar „ironisch" im Transkript verzichtet werden, während die Bemerkung „rhythmisch intoniert" hilfreich sein kann. Letztere wäre dagegen inadäquat, wenn Rhythmisierung untersucht wird – dann müßte zumindest die Akzentverteilung und oft auch der f_0-Tonhöhenverlauf dargestellt werden. Eine einzige Form der Akzentnotation wäre dagegen unzulänglich, wenn Akzentuierung das Untersuchungsthema ist und die Möglichkeit offenstehen soll, Funktionen verschiedener Akzentuierungsformen zu entdecken.

- *Berücksichtigung von Auffälligkeiten*: Auch wenn ein Phänomen nicht durchgängig notiert wird, muß es berücksichtigt werden, wenn es besonders auffällig realisiert ist (z.B. markierter Wechsel in Dialekt, erheblich lauteres oder schnelleres Sprechen, markanter Rhythmus) bzw. die Gesprächsteilnehmer auf es Bezug nehmen.
- *Sparsame Interpretation*: Über die angesprochenen Aspekte hinaus spielen Interpretationen an zwei Stellen eine große Rolle: Wenn schlecht verständliche (!) Passagen durch Kontextwissen geklärt werden, und wenn

Ereignisse nicht abgebildet, sondern vom Transkribenten beschrieben oder kommentiert werden. Da das Transkript zu den Daten gehört, sollte es der Analyse nicht vorgreifen. Es muß so interpretationsarm gehalten sein, daß der Spielraum potentiell möglicher Interpretationen eines Ereignisses durch die Wiedergabe im Transkript nicht eingeengt wird – die Bedeutung des Interaktionsgeschehens ist in der analytischen Bearbeitung des Transkripts zu entdecken und nicht schon vorab in ihm festzulegen! Stark interpretierende oder bewertende Kommentare (wie „ironisch", „fragend") und Beschreibungen (z.b. „grinst hämisch") sind zu vermeiden. Positivistische Beschreibungen (wie „kontrahiert Muskel XY" oder „zieht Mundwinkel im Winkel von 30° hoch") sind dagegen zu unanschaulich und vermitteln oft einen irreführenden Eindruck vom Interaktionsgeschehen; sie sind nur zu empfehlen, wenn der Zusammenhang zwischen alltäglichen Interpretationen und psychophysiologischen Ereignissen interessiert. Meistens empfiehlt es sich, alltägliche, neutral gehaltene Beschreibungen zu verwenden (z.b. „lächelt") und dabei möglichst formale und nicht funktionale bzw. semantische Bezeichnungen zu gebrauchen (z.b. „scharf" statt „aggressiv" als Kommentar zur Stimmqualität).

Unterschiedlichen Untersuchungsfragen, Arbeitsbedingungen, Adressatenkreisen etc. kann dadurch begegnet werden, daß *zweck- und zielgruppengebunden unterschiedliche Transkriptversionen* angefertigt werden. Transkriptionsaufwand und -nutzen müssen dabei abgewogen werden. Komplexe prosodische Merkmale müssen z.B. in Arbeitstranskriptionen längerer Gesprächsstrecken oft nicht aufgenommen werden, da sie schnell und oft besser qua AV-Aufnahme zu erfassen sind. Für detailliert zu analysierende Stellen oder für Publikationen kann das Auflösungsniveau gesteigert werden (z.B. feiner gestufte Intonationswiedergabe).

6. Gesprächsanalyse

Dieses Kapitel behandelt die Gesprächsanalyse im eigentlichen Sinn: die Untersuchung von Ton- oder Videoaufnahme und Transkript. Die Darstellung folgt dem Untersuchungsablauf und gliedert sich in fünf Schritte:
- den Analysebeginn (6.1.),
- die Gesichtspunkte der Sequenzanalyse am Einzelfall (6.2.),
- das Analyseziel: Formen und Funktionen von Gesprächspraktiken (6.3.),
- die Analyseressourcen: Wissensbestände und Variationstechniken (6.4.),
- die Analysevertiefung: die fallübergreifende Analyse (6.5.).

Jede gesprächsanalytische Untersuchung zielt in irgendeiner Weise darauf ab, *Formen* (kommunikative Gattungen, institutionelle Interaktionstypen, grammatische Einheiten etc.) typologisch zu beschreiben und verständlich zu machen, indem gefragt wird, welche *Funktionen* die Formen für Aufgaben, Probleme und Zwecke haben, mit denen Interaktanten in Gesprächen befaßt sind (6.3.). Die Rekonstruktion des Zusammenhangs von Formen und Funktionen beruht wesentlich auf der Entdeckung und Analyse der *sequentiellen Ordnung* des Gesprächs. „Sequenzialität" meint zunächst einmal, daß Gespräche zeitlich strukturiert sind und durch aufeinander folgende Beiträge entstehen. Diese *Zeitlichkeit* ist aber keine dem Gespräch äußerliche Eigenschaft, sondern sie ist unhintergehbare Bedingung und Ressource für die Gestaltung von Äußerungen, die Herstellung von Kontexten und Bedeutung sowie für die Entstehung von Intersubjektivität (Heritage 1995, 398 und 1997, 162f.). Alle Strukturen und Einheiten im Gesprächsprozeß bestehen selbst aus Prozessen und gewinnen nur durch den Prozeß Objektivität (Spranz-Fogasy 1997), und die Bedeutung jeder Gesprächsaktivität ist abhängig vom Moment, in dem sie im Gesprächsprozeß vollzogen wird (Garfinkel/Sacks 1976). Äußerungen stehen in einem doppelten zeitlichen Horizont. Einerseits sind sie auf den Kontext, der sich im bisherigen Gesprächsverlauf entwickelt hat, zugeschnitten, und sie dokumentieren ein Verständnis dieses Kontexts; andererseits sind sie Handlungen, die einen neuen Kontext und normative Erwartungen für folgende Handlungen schaffen („context-shaped' und ‚context-renewing', Heritage 1984a, 242ff.). Verstehen und Handeln sind also nicht zu scheiden. Intersubjektivität – in Form von geteilten Bedeutungen und koordinierten Handlungen – wird dadurch hergestellt, daß Gesprächsteilnehmer Schritt für Schritt verdeutlichen, wie sie einander verstehen.

Die in diesem Kapitel vorgestellten Vorgehensweisen der Gesprächsanalyse beruhen darauf, daß diese und andere grundlegende Konstitutionseigenschaften von Gesprächen methodisch gewendet und heuristisch fruchtbar gemacht werden. Die Grundlage der Methodik besteht also darin, daß die im Alltag implizit bleibenden, hochgradig allgemeinen formalen Prinzipien der Herstellung von Ordnung und Bedeutung im Gespräch expliziert und reflektiert als methodische Ressource für die Gesprächsanalyse zum Einsatz gebracht werden. Zum Beispiel wird das angesprochene Sequenzialitätsprinzip der Konstitution von Gesprächen in spezielle sequentiell arbeitende Analyseheuristiken umgesetzt. Diese Fundierung der Methodik im Gegenstand beinhaltet, daß Ergebnisse der empirischen Gesprächsforschung genutzt werden, um neue, weitere, verbesserte methodische Verfahrensweisen und Standards zu entwickeln; andererseits ist die Adäquatheit der methodischen Prozeduren wenigstens teilweise in der empirischen Analyse selbst zu prüfen.

Die Konversationsanalyse geht von der zentralen methodologischen Prämisse aus, daß Gesprächsteilnehmer einander *aufzeigen* (‚*display*‘, z.B. Schegloff 1997), welchen Sinn und welche Bedeutsamkeit sie ihren Äußerungen wechselseitig zuschreiben. Wäre dies nicht wenigstens teilweise und immer wieder so, wären Handlungskoordination und Verständigung unmöglich. Wenn Gespräche sorgfältig protokolliert wurden, stehen diese Aufzeigeleistungen den Gesprächsanalytikern in der gleichen Weise wie den Gesprächsteilnehmern zur Verfügung, um Gesprächsereignisse zu interpretieren. Dies ist entscheidend, denn das Ziel besteht nicht darin, Gespräche an vorausgesetzten Maßstäben zu messen oder Kategorien zuzuordnen, die der Forscher vorab festgelegt hat. Es geht stattdessen darum, die Prinzipien zu rekonstruieren, an denen sich die Beteiligten selbst beim Handeln und Interpretieren im Gespräch orientieren, und dies soll soweit als möglich an den Daten, d.h. an wahrnehmbaren, prinzipiell „*öffentlichen*", weil für alle hör- und sichtbaren Merkmalen des Gesprächsprotokolls ausgewiesen werden. Die Konversationsanalyse interessiert sich deshalb gerade für die „Oberfläche" des Gesprächs, sie will wissen, mit welchen wahrnehmbaren Aktivitäten Menschen einander Interpretationen signalisieren und Gespräche als geordnete Prozesse gemeinsamen Tuns vollziehen.

Die ‚display'-These und die Rede von der Rekonstruktion der Orientierungen, Relevanzen und Interpretationen der Gesprächsteilnehmer sind zweifellos problematisch, da zumindest mißverständlich. Entgegen manchen Darstellungen in der Literatur meinen sie – meiner Ansicht nach – *nicht*:

- daß die Gesprächspartner die vom Analytiker vorgeschlagene Interpretation selbst mehr oder weniger explizit formulieren müssen,
- daß Gespräche (und auch: ihre Vertextungen) selbsterklärend seien,[1]

---

[1] Dies behaupten allerdings viele Konversationsanalytiker und Ethnomethodologen.

- daß den Gesprächsteilnehmern die rekonstruierten Orientierungen, Relevanzen, Probleme etc. bewußt seien,
- daß die Aufgabe der Gesprächsanalyse darin bestünde, Äußerungen im Gespräch und ihre Zusammenhänge bloß zu paraphrasieren oder eine „dichte Beschreibung" (Geertz 1983) zu liefern.

Die ‚display'-These und die Rede von den Orientierungen der Gesprächsteilnehmer sind m.E. vielmehr nützlich als *methodologische Leitlinien*, die an den Gesprächsanalytiker die Anforderungen stellen,

- seine Aussagen soweit als möglich auf die Aktivitäten der Gesprächsteilnehmer zu stützen,
- zu zeigen, daß seine Interpretationen mit den Details des interaktiven Geschehens lückenlos vereinbar sind,
- zu explizieren, daß und wie die Äußerungen der Gesprächsteilnehmer im Sinne seiner Aussagen interpretiert werden können.

Konversationsanalytische Rekonstruktionen sind also – wie jede Interpretation und wissenschaftliche Aussage – unvermeidlich standortgebunden und konstruktiv. Das Spezifikum der Konversationsanalyse aber ist ein „Gestus der Rekonstruktion", der die Interaktion soweit als möglich als sich selbst interpretierendes Geschehen behandelt (Hausendorf 1992 und 1997, 269). Da Gesprächsteilnehmer auf der Grundlage von stillschweigend geteilten Praktiken miteinander kooperieren und Interpretationen nur so weit verdeutlichen, wie es zur Sicherstellung von Kooperation notwendig erscheint (Clark 1996), besteht die Aufgabe des Gesprächsanalytikers darin, die Aktivitäten der Gesprächsteilnehmer so zu *explizieren*, daß das Geschehen als sinnvolles und systematisch geordnetes verständlich wird. Dabei ist auszuarbeiten, welche Interpretationsleistungen und -prinzipien dieser Ordnung zugrundeliegen (Deppermann 1997b). Die idiographische Interpretation des Einzelfalles ist daher nur der Ausgangspunkt für die Rekonstruktion allgemeiner Praktiken, Regeln etc., auf denen das Handeln im konkreten Fall beruht.

6.1 Analysebeginn

Wenn das Transkript vorliegt, kann mit der Gesprächsanalyse begonnen werden. Zumindest am Anfang sollte nie nur mit dem Transkript allein gearbeitet werden, da man sich mit den akustischen und visuellen Eigenschaften des Gesprächs vertraut machen muß und ggfs. das Transkript korrigieren sollte. Später kann man zeitweise nur das Transkript oder nur die Ton- bzw. Videoaufzeichnung benutzen, um sich auf Eigenschaften zu konzentrieren, die im jeweiligen Medium besser zu erfassen sind. Der Einstieg in die Gesprächsanalyse kann auf zwei Arten geschehen:

- *mikroskopisch*: mit der Detailanalyse eines Gesprächsausschnitts,
- *makroskopisch*: mit der Strukturbeschreibung des Gesamtgesprächs.

Im ersten Fall wählt man eine Passage, die entweder ein prototypischer Fall aus einer Kollektion ist (4.2.) oder ein besonders interessanter Ausgangspunkt für die Arbeit an der Forschungsfrage zu sein verspricht. Üblicherweise sucht man Passagen aus, die *auffällige, neuartige* etc. *Phänomene* enthalten, klare Fälle (‚*clear cases*‛) einer Gesprächspraktik zu sein scheinen oder offenbare Verdeutlichungsleistungen (‚*displays*‛) der Interaktionsteilnehmer beinhalten, mit denen sie zeigen, daß ein Problem, das den Forscher interessiert, für sie relevant ist. Außerdem sind die gleichen Kriterien zu beachten wie bei der Selektion von Transkriptionsausschnitten (4.2.). Insbesondere sollten „natürliche Abschnitte" gewählt werden. Sie beginnen *vor* der ersten Initiative, die einen Handlungs- bzw. Themenkomplex eröffnet, und reichen bis zum Übergang zur nächsten Aktivität, die auf den Komplex folgt.[2] Der Ausschnitt wird dann nach den in 6.2. beschriebenen Gesichtspunkten analysiert.

Der zweite Fall ist bei Fragestellungen, die *makroskopische Interaktionssequenzen* wie Erzählungen, Teamsitzungen oder ausgebaute Streitgespräche betreffen, relevant. Hier empfiehlt es sich, vor der Detailanalyse eine *strukturelle Beschreibung* vorzunehmen. Die strukturelle Beschreibung knüpft an die Inventarisierung an (4.1.) und rekonstruiert die makroskopische Gliederung des Gesprächs in Themen- und Handlungssegmente. Diese Gliederung ist nicht nur hilfreich, wenn die globale Gesprächsstruktur und Verlaufsdynamik selbst von Interesse sind. Sie kann auch für die Detailanalyse wertvolle Interpretationshintergründe liefern. Wenn wir wissen, aus welcher übergreifenden Gesprächsphase eine Äußerung stammt, können Besonderheiten ihrer Funktion und Behandlung bei ihr sehr viel leichter und valider erkannt und interpretiert werden. Umgekehrt werden Analysefehler und Übergeneralisierungen vermieden, die dann entstehen, wenn sehr spezifische Umstände nicht berücksichtigt werden, die für die Gestaltung einer Äußerung verantwortlich sind.[3]

---

2   Die Berücksichtigung der unmittelbar vorangehenden und folgenden Gesprächskontexte ist notwendig, um die Einbettung des interessierenden Segments in den Gesprächsverlauf und damit seine Veranlassung und Funktion zu bestimmen. Z.B. werden Ablauf und Beendigung einer Argumentationssequenz oft nur verständlich, wenn klar ist, welches vorangehende Handlungsproblem die argumentative Auseinandersetzung erforderlich machte.

3   In Schlichtungsgesprächen fordern Schlichter z.B. Streitparteien dazu auf, Belege für ihre Behauptungen anzubringen, wenn sich das Schlichtungsgespräch in der Phase der Darstellung des Konfliktgeschehens durch die Parteien befindet. Wenn der Schlichter jedoch bereits eine Konfliktsicht formuliert hat, die beide Parteien angenommen haben, behandelt er den Versuch von Parteien, Belege für weitere strittige Punkte anzubringen, als Obstruktion. Die gleiche Aktivität wird von ihm völlig anders interpretiert, je nachdem in welchem makroskopischen Stadium der Schlichtungsverhandlung sie stattfindet. Belege und das Prinzip der „Wahrheitsfindung" haben also in diesen Gesprächen keinen invarianten

Schütze (1987) schlägt für die *Erzählanalyse* vor, komplexe Erzählungen nach einzelnen Erzählbausteinen und nach den Textsorten, aus denen sie bestehen, zu gliedern (Erzählpräambeln, Situationsschilderungen, Kernerzählsätze, Erzählcoda, Evaluationen, Argumentationen etc.). So wird erkennbar, welche Funktionen einzelne Passagen füreinander haben, wo Abschweifungen und sekundäre Erzähllinien eröffnet und beendet werden, wo zwischenzeitlich defokussierte Erzählstränge wieder aufgenommen werden, welche Erzählstränge nicht abgeschlossen werden etc. Bei Einschüben, Rückblenden und Vorausdeutungen kann die strukturelle Beschreibung helfen, die Chronologie der erzählten Geschichte – was folgt worauf? – zu klären. Über die lineare zeitliche Darstellungsabfolge hinaus werden komplizierte hierarchische Ordnungen und Zusammenhänge der Erzählung deutlich, die sonst oft verborgen bleiben und stattdessen einen Eindruck von Chaos hinterlassen.

Die *Handlungsschema-Analyse* dient zur Rekonstruktion der makroskopischen Gliederung von Interaktionen, die zu Gesprächstypen gehören, welche durch eine idealtypische Abfolge von aufeinander aufbauenden Handlungsschritten gekennzeichnet sind (Nothdurft/Spranz-Fogasy 1991). In einem Beratungsgespräch sind dies bspw. die drei Schritte: Präsentation des Problems; Definition des Problems durch Ratsuchende und Berater; Entwicklung von Lösungsvorschlägen. Die Handlungsschema-Analyse verdeutlicht nicht nur, in welchem Stadium eine bestimmte Aktivität stattfindet, sie hilft auch, Wiederholungen, Versäumnisse (z.B. einer gemeinsamen Problemdefinition), Rekursionen (eine Problempräsentation zieht andere nach sich) etc. festzustellen, und bietet damit wichtige Ansatzpunkte für die Analyse von mißlungener Kommunikation, übergreifenden Handlungsstrategien und latenten Problemkonstellationen (Nothdurft 1984).

6.2 Analysegesichtspunkte: Detaillierte Sequenzanalyse am Einzelfall

Die detaillierte Sequenzanalyse einzelner Gesprächsausschnitte ist das Herzstück der Gesprächanalyse. Die intensive Auseinandersetzung mit Aufnahme und Transkript ist der Dreh- und Angelpunkt für

- die empirisch fundierte *Definition* von Gesprächspraktiken, die zum Gegenstand der weiteren Analyse werden sollen,
- die Entwicklung von *Fallinterpretationen*,
- die Bildung von theoretischen *Konzepten*,
- den Gewinn, die Präzisierung und die Überprüfung von Aussagen über *allgemeine Prinzipien und Strukturen* von Gesprächsprozessen.

Die Arbeit am Material stützt sich auf Analysegesichtspunkte, die ich als *heuristische Fragen* formuliere. Heuristisch sind sie, weil es offene Fragen sind, die keine theoriegeleiteten Zuordnungskategorien vorgeben, sondern die materialgestützte Suche nach Gesprächseigenschaften und -zusammenhängen anregen und systematisieren sollen. Somit sollen sie auch nicht die

---

Stellenwert, sondern werden je nach Verhandlungsstand sehr unterschiedlich gehandhabt (Deppermann 1997a).

Ergebnisse einer Gesprächsanalyse determinieren, wie dies von standardisierten Verfahrensregeln zu erwarten wäre. Sie dienen vielmehr dazu, die analytische Sensibilität zu steigern, Beschreibungsinstrumente bereitzustellen und grundlegende Interaktionseigenschaften zum Gewinn, zur Fundierung und zur Prüfung von Aussagen über Gespräche zu nutzen. Die Analysegesichtspunkte sind keine Untersuchungsfragestellungen, sondern methodische Hilfsmittel, die für nahezu jede Untersuchungsfragestellung nützlich bzw. unerläßlich sind und die auf jeden beliebigen Gesprächsausschnitt bezogen werden können. Weil die Analysegesichtspunkte deshalb im vorliegenden Text notwendigerweise sehr allgemein und abstrakt gehalten sind, müssen sie an das jeweilige Material und Erkenntnisinteresse angepaßt werden. Es wird sich herausstellen, daß einzelne Gesichtspunkte mehr oder weniger relevant und fruchtbar sein können. Es zeigt sich, daß mehrere Heuristiken oft – aber nicht immer! – zum gleichen Ergebnis führen und vor allem auch Ergänzungen und Präzisierungen der ersten Analysen beibringen. Eine Interaktionssequenz wird gewissermaßen aus verschiedenen Perspektiven vermessen.

Zur Einübung in den Analysestil sollte an einer Stelle damit begonnen werden, systematisch *alle* Heuristiken auszuprobieren. Dies mag unpraktikabel und übermäßig akribisch erscheinen, ist aber unabdingbar, um analytisches Geschick und Sensibilität zu schulen und die Leistungsfähigkeit der einzelnen Prozeduren kennenzulernen. Später kann man selektiver und synthetischer vorgehen, wie dies erfahrenere Gesprächsanalytiker in der Regel auch tun, obwohl es auch dann oft sinnvoll ist, die Analyse sehr systematisch in einzelne Prozeduren aufzugliedern.

Im Unterschied zu anderen diskursanalytischen Richtungen ist die Grundlage dabei immer die *Gesprächssequenz* bzw. der *Gesprächsprozeß*, nicht die isolierte Äußerung. Wenn Aktivitäten einzelner Sprecher im Zentrum des Interesses stehen, werden diese als *relationale Aktivitäten* untersucht, d.h. in Beziehung zu vorausgehenden und nachfolgenden Aktivitäten. Diejenige Einheit, die jeweils den Gegenstand der Untersuchung bildet, wird im folgenden als ‚*fokale Einheit*' (bzw. Merkmal, Äußerung, Sequenz) bezeichnet. Um der sequentiellen Konstitutionsweise von Gesprächen gerecht zu werden, muß die Analyse dem Interaktionsprozeß *ohne Auslassung* Äußerung für Äußerung folgen (im Transkript: Zeile für Zeile). Das *Sequenzialitätsprinzip* bedeutet für den Gesprächsanalytiker, daß er sich stets auf einer Höhe mit den Gesprächsteilnehmern bewegt und nicht vorgreift, um Früheres durch Späteres zu erklären, da dieses den Gesprächsbeteiligten im Moment ihres Handelns auch nicht als Interpretationshilfe zur Verfügung steht (z.B. Schmitt 1992, 73). Vielmehr geht es darum nachzuzeichnen, welche Handlungs- und Interpretations*optionen* den Interaktanten in einem Gesprächsmoment offenstanden und wie mit diesen Möglichkeiten im weiteren Verlauf verfahren wird (Oevermann 1983; 6.4., II). Auf diese Weise wird rekonstruiert, nach welchen Prinzipien das Gespräch als Abfolge von Aktivitäten zustandekommt, aus denen eine Prozeßgestalt entsteht. Die folgenden Analysegesichtspunkte beruhen auf diesem übergeordneten Sequenzialitätsprinzip:

I   Paraphrase und Handlungsbeschreibung
II Äußerungsgestaltung und Formulierungsdynamik
III Timing
IV Kontextanalyse
V   Folgeerwartungen
VI Interaktive Konsequenzen
VII Sequenzmuster und Makroprozesse.

I   Paraphrase und Handlungsbeschreibung

Die Paraphrase dient dazu, sich in einem ersten, noch sehr vorläufigen Anlauf klar zu machen, worum es in der Gesprächspassage geht. Sie wird dazu Äußerung für Äußerung *inhaltlich paraphrasiert*. Bei der Paraphrase geht es vor allem darum, Gesprächsthemen zu identifizieren und zu klären, auf welche Personen, Sachverhalte, Ereignisse etc. sich Ausdrücke beziehen (z.B. Pro-Formen, Zeitbezüge). Bei der Handlungsbeschreibung wird zu jeder Äußerung gefragt, welche Art von *sprachlicher Handlung* (Frage, Antwort, Vorwurf, Begründung etc.) vorliegt. Oft werden mit einer Äußerung mehrere Handlungen zugleich vollzogen (z.B. „Du hast mich zuerst beleidigt" kann Behauptung, Gegenvorwurf und Rechtfertigung sein). Die Handlung ist entsprechend auf mehreren Ebenen zu beschreiben (Rehbein 1977, 240ff.).

Durch Paraphrase und Handlungsbeschreibung gewinnt man einen *ersten Zugriff* auf die Gesprächspassage. Sie gewinnt dadurch an Verständlichkeit und Explizitheit. Dies ist erfahrungsgemäß vor allem für Anfänger sehr wichtig. Zwei Einschränkungen müssen aber unbedingt beachtet werden:

- Die Paraphrase und mehr noch die Handlungsbeschreibung können *nur vorläufig* formuliert werden. Die Analysegesichtspunkte IV-VI dienen gerade dazu, die inhaltlichen und pragmatischen Eigenschaften der fokalen Passage systematisch zu klären!
- Die Paraphrasierung birgt die Gefahr in sich, daß Forscher in der Folge weitere Analysen vornehmlich auf die Paraphrase und nicht auf eine genaue Beschäftigung mit dem Transkript stützen. D.h. aber: Sie analysieren ihre eigene Interpretation statt der Aktivitäten der Gesprächsteilnehmer. Diese Versuchung ist umso größer, als die Paraphrase expliziter, „ordentlicher", leichter verständlich etc. als das Ausgangsmaterial ist. Als Leitsatz gilt: Die Paraphrase dient der ersten Orientierung, sie ist *kein Analysegegenstand*!

Bei primär inhaltlichen Untersuchungsfragestellungen kann sich an die erste Paraphrasierung eine eingehendere *semantische Analyse* anschließen. Bei ihr wird nach der spezifischen Bedeutung, die die verwendeten Ausdrücke im Redekontext erhalten, gefragt (z.B. fachsprachliche Bedeutung; mitgemeinte Sachverhalte). Zusätzlich werden die satzsemantischen Relationen zwischen einzelnen Äußerungsteilen analysiert (wie ‚adversativ', ‚konzessiv'; von Polenz 1988). Diese *semantische Explikation* kann sehr weit vorangetrieben werden, indem bspw. Anspielungen oder Vorgeschichten, die für die Bedeutung von Formulierungen maßgeblich sind, explizit gemacht werden.[4] Allerdings muß man sich darüber im klaren sein, daß jede Explikation *indexikalisch* ist: Sie setzt selbst Sachverhalte, Wortbedeutungen etc. stillschweigend voraus, die ihrerseits nicht dargelegt werden, aber in die Bedeutung der Explikation eingehen und für sie entscheidend sein können (z.b. Bergmann 1988a, 34ff.). Dieser Rest an Implizitheit ist kein grundsätzlicher Fehler, sondern eine unvermeidliche Eigenschaft jeder Darstellung. Prinzipiell geht es also nicht um maximale Explizitheit, sondern darum, eine Explikation zu erreichen, die für das eigene Untersuchungsinteresse hinreichend umfassend und präzise ist. Es sollte aber dort keine Präzision angestrebt werden, wo die Gesprächsteilnehmer selbst „ungenau" sind. Stattdessen ist zu fragen, welche Funktion gerade dieser „*Ungenauigkeit*" zukommen kann.

> ➡ **Fragen zu Paraphrasierung und Handlungsbeschreibung**
> - Worum geht es in der Gesprächspassage?
> - Wer spricht worüber?
> - Worauf beziehen sich die einzelnen Ausdrücke? Über welche Ereignisse, Personen, Sachverhalte, Zeiten, Orte etc. wird gesprochen?
> - Welche Ausdrücke und Bezüge bleiben unverständlich, vage, mehrdeutig?
> - Warum wird nicht expliziter gesprochen? Welche Gründe, Funktionen und Konsequenzen kann das haben?
> - Wozu dienen die Äußerungen der Gesprächsteilnehmer? Welche Art von sprachlicher Handlung wird vollzogen? Mit welchen Aufgaben oder Anforderungen befassen sich die Interaktanten?

II Äußerungsgestaltung und Formulierungsdynamik

„Äußerungsgestaltung" meint die *Art und Weise, in der gesprochen wird*.[5] Zur Beschreibung der Äußerungsgestaltung gehört die Beschreibung einer Äußerung auf den verschiedenen linguistischen Ebenen. Eine umfassende Darstellung der Äußerungsgestaltung ist naturgemäß gar nicht zu leisten und in der Regel auch nicht von Interesse.[6] Welche Aspekte im Vordergrund stehen, hängt zum einen von der Untersuchungsfrage ab; zum anderen ist einige Sen-

---

4   Ein besonders instruktives Beispiel dafür ist die Untersuchung eines Therapiegesprächs durch Labov/Fanshel (1977). Sie versuchen, die Bedeutungen der einzelnen Äußerungen in sog. ‚*expansions*' soweit wie möglich zu explizieren.
5   „Äußerung" wird hier als allgemeinster Terminus für vokale Aktivitäten von Gesprächsteilnehmern benutzt.
6   Außerdem sind Beschreibungen von der zugrundegelegten linguistischen Theorie abhängig. So wird die Syntax sehr unterschiedlich analysiert, je nachdem, welcher generativistische, funktionale, deskriptive oder valenzgrammatische Beschreibungsrahmen gewählt wird.

sibilität notwendig und solides linguistisches Wissen wünschenswert, um solche Aspekte zu bemerken, die für die interessierenden Eigenschaften des Interaktionsverlaufs wichtig sind und deshalb genauer beschrieben werden sollten. Im folgenden gebe ich zu jeder Ebene einige Beispiele für Phänomene und Parameter, deren Relevanz bereits in zahlreichen gesprächsanalytischen Untersuchungen erwiesen wurde:[7]

- *Phonetik*: dialektale oder fremdsprachliche Lautung, Lauttilgungen etc.;
- *Prosodie*: Akzentuierung, Rhythmus, Intonation am Äußerungsende, Lautstärke- und Tempoveränderungen, Stimmqualität, Pausen (s. 5.2.);
- *Grammatik*: Wortfolge, syntaktische Konstruktion, Ellipsen, Satzplanbrüche, Rechts-/Linksversetzungen, Koordination und Subordination etc.;
- *Lexik*: nicht lexikalisierte Laute (wie Interjektionen), Wahl von Code und Register (Fremdsprache; Spezialsprachen, wie Fach-, Gruppen-, Regionalsprachen (z.B. Dialekt, Jugendsprache, bürokratisches Register)) etc.;
- *Stilistik*: Gebrauch von Formeln (Sprichwörter, Gemeinplätze, Redewendungen, Routineformeln („wie geht's")), Metaphern/Bildhaftigkeit des Sprechens, Ironie, rhetorische Figuren, Reime etc.

Zusätzlich sind das *nonvokale* Verhalten und seine zeitlichen, semantischen und funktionalen Beziehungen zum verbalen Handeln zu beschreiben.

Mit der linguistischen Beschreibung ist noch keine *Interpretation* der Eigenschaften der Äußerungsgestaltung geleistet. Hierzu können und sollten natürlich bereits vorliegende Forschungen konsultiert werden. Sie können aber zumeist nicht mehr leisten, als sehr allgemeine Bedeutungs- und Funktionspotentiale für viele der aufgelisteten Merkmale anzugeben. Welche Bedeutung ihnen im *vorliegenden* Gesprächsmoment zukommt, kann aber nicht unabhängig vom Gesprächsverlauf festgelegt werden – es ist ja gerade die Aufgabe der Gesprächsanalyse, herauszubekommen, inwiefern diese Eigenschaften für die Interaktion relevant sind und welche interaktiven Bedeutungen und Funktionen sie haben. Dabei sollte beachtet werden:

- Merkmale sollten *einzeln erfaßt*, aber *im Verhältnis zueinander interpretiert* werden. Verhältnisse zwischen Ebenen (z.B. Blickkontakt-Gestik-Rhythmus-Wortwahl) sind maßgeblich für den *holistischen Eindruck* von Äußerungen verantwortlich. So ist z.B. darauf zu achten, ob es ‚Kanaldiskrepanzen' gibt oder ob verschiedene Signale einen konsistenten Gesamteindruck vermitteln (z.B. Engagement, Sympathie oder Ärger).
- Merkmale haben fast nie absolute Bedeutung. Bedeutungstragend sind vielmehr *Differenzen zwischen Ereignissen auf einer Ebene* (Gumperz 1992). Es ist z.B. meist weniger wichtig, wie laut gesprochen wird, son-

---

[7] Eine Einführung in den aktuellen Stand der Erforschung der gesprochenen Sprache gibt Schwitalla (1997). Als Überblick über die linguistische Fachterminologie empfehlen sich Bussmann (1990), Lewandowski (1990), Linke et al. (1996) und vor allem Glück (1993).

dern wann jemand lauter als zuvor spricht; kommunikativ entscheidender als das Grundtempo sind Beschleunigungen und Verlangsamungen; maßgeblich ist, wann (bei welchem Thema, Adressaten usw.) vom Dialekt zur Standardsprache gewechselt wird.
- Viele Merkmale sind ‚*Kontextualisierungshinweise*' (Auer 1992; Gumperz 1982, Kap. 4-7 und 1992): Sie führen Kontexte in die Interaktion als Bezugsrahmen ein, ohne sie ausdrücklich zu benennen. Die Kontextanalyse (IV) beruht daher auf der genauen Beachtung der Äußerungsgestaltung.

Merkmale der Äußerungsgestaltung sind besonders wichtig für solche interaktiven Bedeutungsdimensionen, die nicht explizit angesprochen werden: für die *Beziehung zwischen den Gesprächsteilnehmern, Sprecheridentitäten, emotionale Beteiligung* und als Bestimmungsstücke der *Interaktionsmodalität*. Sie vereindeutigen außerdem häufig *Kohärenzverhältnisse*, d.h., in welchem Bezug eine Äußerung zu anderen steht (woran sie anknüpft, ob sie wichtiger oder weniger wichtig ist; 6.2., IV). So kann z.B. durch die Verwendung von Spezialsprachen, wenn sie geteilt werden, Intimität hergestellt werden – werden sie nicht geteilt, führen sie zum Ausschluß von Gesprächspartnern (Giles/Coupland 1991). Ärger und Empörung werden z.B. vorrangig durch lauteres, stark rhythmisiertes, von auffälligen Dehnungen und extremen Tonhöhenunterschieden gekennzeichnetes Sprechen signalisiert. Leiseres und schnelleres Sprechen kann signalisieren, daß eine Äußerung als Einschub zu verstehen ist (Auer/Selting i.Dr.).

Neben die oben genannten sprachsystematischen und deshalb nicht-prozessualen Beschreibungsgesichtspunkte tritt die Untersuchung der *Formulierungsdynamik*. Gesprächsbeiträge bestehen aus einer Abfolge von Lauten. Sie bilden Komplexe, die (manchmal) Wörter ergeben. Aus diesen bestehen sog. *Beitragskonstruktionseinheiten* (‚*turn-constructional units*', Sacks et al. 1974). Dies sind die kleinsten Einheiten, nach denen ein Sprecherwechsel möglich wäre (Selting 1996). Jede Beitragskonstruktionseinheit trägt zum Sinn des Gesamtbeitrags bei, bildet aber auch schon selbst eine Teilhandlung. Z.B. stellt der einleitende „ja"-Teil einer „ja aber"-Konstruktion ein Zugeständnis, eine Berücksichtigung oder eine Zustimmung dar; er trägt zu einem Widersprechensakt bei, der durch ihn abgeschwächt und höflicher formuliert wird. Wenn dagegen zuerst widersprochen und dann zugestimmt wird, bildet die Zustimmung die letzte relevante Aktivität, mit der sich der folgende Sprecher auseinanderzusetzen hat, das Gewicht des Widerspruchs ist er erheblich geringer. Dieser Vergleich zeigt, wie wichtig die *Abfolge* von Einheiten innerhalb eines Beitrags sein kann. Allgemein kann jedes Element – sei dies eine sprachliche Form, ein sprachlicher Handlungstyp, eine Redegattung etc. – daraufhin untersucht werden, welche Rolle seine *Position* innerhalb von Beiträgen für sein Funktionspotential in der Interaktion spielen kann. Zu unterscheiden sind in formaler Hinsicht: die *initiale*, die *mediale* und die *terminale* Position innerhalb des Beitrags sowie der Fall, in dem das fokale Element den *gesamten Beitrag* ausmacht.[8] Je nach Position des fokalen Ele-

---

8 So untersuchen etwa Schlobinski et al. (1993, 134ff.) die positionsabhängigen Funktionen des Partikels „ey" in der Jugendsprache.

ments kann sich seine Relation zu anderen Beitragselementen und damit seine Funktion verändern: Während ein Element in initialer Position z.B. Funktionen wie Rahmensetzung, Vorbereitung oder Ankündigung erfüllen kann, dient es in terminaler Position eher zur Absicherung, Bekräftigung oder Resümierung. Solche Unterschiede führen dazu, daß die gleichen Elemente je nach Position im Beitrag zu ganz unterschiedlichen Gesprächspraktiken gehören können. Z.B. können Fragesätze terminal als Informations-, Entscheidungs- oder Prüfungsfragen, initial dagegen zur Themensetzung und medial häufig als rhetorische Fragen benutzt werden. Zum anderen kann die Plazierung eines Elements *Distributionsbeschränkungen* unterliegen, es kann also nur an bestimmten Beitragspositionen realisiert werden.[9]

Jeder Gesprächsbeitrag kann als ganzer danach untersucht werden, welcher Systematik seine Formulierungsdynamik folgt. Besonders längere Beiträge (wie Erzählungen oder Witze) sind gekennzeichnet durch eine dreigliedrige Struktur von *Eröffnung*, in der die Kernaktivität angekündigt oder angebahnt wird (z.B. Erzählankündigung und Rahmensetzung), der *Kernaktivität* selbst, die oft ihrerseits aus einer systematischen Abfolge von Schritten besteht (z.B. chronologische Ordnung von Erzählsätzen), und einem *Abschluß* (z.B. Formulierung einer Moral; Kallmeyer/Schütze 1977). Es kann noch ein Nachlaufelement („*post-completer*', z.B. eine Bestätigungsaufforderung wie „nicht wahr") folgen, mit der dem Adressaten das Rederecht übergeben wird.

Eine detaillierte linguistische und formulierungsdynamische Beschreibung ist für *sprachwissenschaftliche Fragestellungen* meist unabdingbar, da sie sich entweder darauf richten, die Verwendung bestimmter linguistischer Formen und Merkmale in Alltagsgesprächen zu untersuchen (Schlobinski 1997; Schwitalla 1997), oder daran interessiert sind, welche linguistischen Merkmale konstitutiv für den Vollzug bestimmter Gesprächshandlungen sind. So kann z.B. gefragt werden, welche Rolle prosodische, grammatische und satzsemantische Äußerungseigenschaften bei der Organisation des Sprecherwechsels spielen (Selting 1995; Schegloff 1996), oder durch welche linguistischen Merkmale Vorwürfe gekennzeichnet sind (Günthner 1996). Die Analyse der Äußerungsgestaltung bietet die in den letzten Jahren zunehmend genutzte Chance, traditionelle linguistische Fragen und Kategorien gesprächsanalytisch neu zu interpretieren und zu untersuchen. Ziel der Forschung ist es u.a., theoretische Modelle und einzelsprachliche Regeln der Grammatik auf empirischer Basis neu zu begründen, die Relevanz bekannter linguistischer Kategorien für Gespräche zu prüfen und empiriegestützt neue zu entwickeln.

Der Gewinn einer detaillierten linguistischen Deskription für *sozialwissenschaftliche Fragestellungen* ist dagegen oft schwerer zu beurteilen. Sie beziehen sich in der Regel auf interpretationshaltigere Fragestellungen, die

---

9   Natürlich können sich Distributionsbeschränkungen auch auf syntaktische Konstitutenten und auf die Wortfolge beziehen. Das Kriterium der syntaktischen Position kann z.B. häufig angewendet werden, um zu entscheiden, ob eine Wortform eine Partikel oder ein Adverb ist.

primär an Handlungen und semantischen Inhalten, aber nur selten an sprachlichen Formen ansetzen. Linguistische Beschreibungen stehen deshalb nicht im Zentrum des Erkenntnisinteresses, sondern haben häufig nur hilfswissenschaftlichen Stellenwert. Sie sind wichtige und manchmal unersetzliche Vehikel, da sie auf Formen und Äußerungsmerkmale sensibilisieren, die für den Gewinn und die Begründung einer adäquaten Gesprächsinterpretation ausschlaggebend sind. Zudem ist es selbst ein sozialwissenschaftlicher Befund, wenn linguistische Merkmale identifiziert werden, mit denen gesellschaftliche Handlungskomplexe bearbeitet oder Machtverhältnisse im Gespräch hergestellt werden. Problematisch kann sich jedoch der „Detaillierungssog" (Bergmann 1985) der genauen Beschreibung auswirken: Der Interpret verstrickt sich in akribische Darstellungen und Deutungen von Gesprächsmerkmalen, die ihn immer weiter vom ursprünglichen Erkenntnisinteresse abführen und eine kaum noch handhabbare Komplexität unterschiedlicher Aspekte auflaufen lassen. Zu warnen ist außerdem davor, eine bloße linguistische Katalogisierung von Äußerungen als soziologisch oder psychologisch relevante Interpretation mißzuverstehen. Dieser Fehler wird häufig in Qualifikationsarbeiten gemacht. Es ist deshalb sehr sorgfältig zu überlegen, ob sich sozialwissenschaftliche Studenten überhaupt mit Techniken der linguistischen Beschreibung befassen sollten, wenn sie nicht bereits mit Grundlagen vertraut sind und wenn ihnen keine fundierte Einführung angeboten wird. Der Aufwand für eine kompetente, selbständige Einarbeitung ist meist sehr hoch, und es besteht die Gefahr, daß sowohl die linguistische als auch die sozialwissenschaftliche Analyse unzulänglich bleiben.

> ➜ **Fragen zur linguistischen Beschreibung**
> - Welche linguistischen Merkmale kennzeichnen die Äußerungen? Welche Merkmale und Formen sind besonders auffällig?
> - Wie verhalten sich die Merkmale zueinander? Ergänzen, unterstützen, widersprechen, verdeutlichen sie einander?
> - In welchem Verhältnis stehen die prosodischen zu den verbalen Äußerungseigenschaften?
> - In welchem Verhältnis stehen vokale und nonvokale Kommunikation?
> - (Wann) verändern sich linguistische Parameter bei den Sprechern im Gesprächsverlauf? Wie unterscheiden sich die beteiligten Sprecher?
>
> Bei jeder dieser Fragen ist zu beachten,
> - wann und bei welchen Äußerungsinhalten und Handlungen (vgl. I) die Merkmale auftreten und wie sie zu ihrer Bestimmung beitragen,
> - welche Bedeutung sie für Beziehungsgestaltung, Selbstdarstellung, Bewertung von Handlungen und Aussagen, die emotionale Beteiligung und die Verteilung der Rederechte haben können.
>
> ➜ **Fragen zur Formulierungsdynamik**
> - Aus welchen Beitragskonstruktionseinheiten besteht die Äußerung?
> - In welche Teile wird der Beitrag durch sie gegliedert? Gibt es eine systematische Eröffnung und einen systematischen Abschluß?

- Nach welchen Prinzipien folgen sie aufeinander?
- Ist der Beitrag durch Stockungen, Wiederholungen, Formulierungsprobleme, Selbst-Korrekturen o.ä. gekennzeichnet?
- Welche Position innerhalb des Beitrags nimmt ein fokales Element ein? Welche besondere Funktion kann diese Position haben?

III Timing

Die zeitlichen Verhältnisse zwischen Äußerungen verschiedener Sprecher sind sowohl für die formale Abwicklung des Gesprächs, für seine Ordnung als Abfolge von Beiträgen, als auch für die Interpretation einzelner Beiträge sehr wichtig. Dazu ist der *Sprecherwechsel* zu untersuchen: Wie wird geregelt, wer wann das Wort ergreift (Sacks et al. 1974)? Dies beinhaltet die Frage nach der Sprecherwahl: Legt der vorhergehende Sprecher den nachfolgenden fest (= *Fremdwahl*; z.B. durch die Adressierung einer Frage), oder wählt dieser sich selbst (= *Selbstwahl*)? Wenn eine Selbstwahl stattfindet, ist zu fragen, ob sie eventuell im Widerspruch zur Wahl des vorangegangenen Sprechers steht, oder ob das *Rederecht* an dieser Gesprächsstelle frei verfügbar war. Der Sprecherwechsel wird jedoch nicht immer *lokal*, d.h. von Moment zu Moment in Abhängigkeit von den Aktivitäten des gerade sprechenden Teilnehmers, geregelt; insbesondere in institutioneller Kommunikation gibt es gesprächsweite, *a priori* feststehende Vorgaben, an welchen Stellen wer welche Gesprächsbeiträge machen darf bzw. muß (z.B. dürfen vor Gericht nur Richter die Beiträge anderer Redner unterbrechen, und das Publikum darf nicht sprechen).

In zeitlicher Hinsicht kann der Sprecherwechsel „glatt" verlaufen (mit einer kurzen Pause zwischen den Beiträgen), oder es kommt zu Überlappungen, Unterbrechungen und Selbstabbrüchen oder zu Schweigephasen. Es ist eine genaue Untersuchung erforderlich, um zu klären, ob eine Überlappung kompetitiv oder kooperativ (z.B. bestätigend, vorwegnehmend) ist (Goodwin/Goodwin 1992), ob mit der Überlappung Rederecht beansprucht, nur ein Zuhörerkommentar gegeben (Bublitz 1988) oder ein weiteres, vielleicht inoffizielles Nebengespräch eröffnet wird (Ehlich/Rehbein 1986), welcher Gesprächsteilnehmer für eine Schweigephase verantwortlich ist und was das Schweigen dementsprechend bedeuten kann (Meise 1996). Weiterhin ist es für die Synchronisation der Gesprächsbeteiligten wichtig, ob Folgesprecher den Sprechrhythmus und das Tempo ihrer Vorgänger aufnehmen (Auer/Couper-Kuhlen 1994; Erickson/Shultz 1982). Zur genauen Analyse dieser Fragen sind spezielle Notationen wie die Kadenzschreibweise für die rhythmischen Eigenschaften des Gesprächs oder eine durchgängige Partiturschreibweise zur Repräsentation der Sprecher-„Einsätze" geeignet.

Neben dem zeitlichen Verhältnis zwischen den vokalen Beiträgen ist die Koordination zwischen den nonvokalen Handlungen von Sprechern und ihren verbalen Beiträgen für die Interpretation beider Aktivitätsstränge wichtig (Heath 1997), vor allem dann, wenn es sich um handlungsbegleitende Kommunikation (wie bei einer Autoreparatur, Fiehler 1980) handelt. Das gleiche gilt für das zeitliche Verhältnis zwischen verbalen Handlungen eines Sprechers und den nonverbalen Reaktionen der Gesprächspartner (wie Nicken, wegwerfende Handbewegungen).

> ➔ **Fragen zum Timing von Aktivitäten**
> - Wer spricht wann? Wer folgt auf wen?
> - Finden parallele Gespräche statt, und in welchem Verhältnis stehen sie zueinander (unabhängig, einander beobachtend, offiziell-inoffiziell etc.)?
> - Nach welchen Prinzipien wird der Sprecherwechsel organisiert?
> - Haben alle Beteiligten prinzipiell gleiche Rederechte?
> - Gibt es Passagen, in denen parallel gesprochen wird? Wann beginnen sie, wie werden sie beendet? Werden sie als problematisch oder als bestätigend behandelt?
> - Wann entsteht Schweigen, wie wird es aufgelöst und interpretiert?
> - In welchen zeitlichen Bezügen stehen vokale und nonvokale Kommunikation, welche Funktionen haben sie füreinander?

IV Kontextanalyse

Äußerungen im Gespräch sind keine isolierten Sätze, sondern Züge in einem Interaktionsprozeß. Sie beruhen auf einem Verständnis der Gesprächssituation, die sich bis zum gegenwärtigen Moment entwickelt hat. Der Sinn von Äußerungen baut auf diesem Verständnis und auf weiteren Kontexten auf und entleiht diesen Bedeutungen, die über „wörtliche" Interpretationen hinausgehen (Clark 1992). Um zum angemessenen Verständnis eines Gesprächs zu gelangen, müssen wir daher bedeutungsgebende Kontexte rekonstruieren. Mit ‚Kontext' bezeichne ich Dimensionen des Sinns von Äußerungen,

- die nicht den Gegenstand der Äußerung bilden,
- die als Interpretationshintergrund herangezogen werden müssen, um Motivation, Bezugnahmen und Funktionen von Äußerungen zu verstehen.

Kontexte können sehr Verschiedenes sein: z.B. die Interpretation der vorangegangenen Äußerung und der mit ihnen verbundenen Erwartungen an die gegenwärtige Sprecherin; Annahmen über Fähigkeiten, Vorwissen oder Kommunikationsabsichten der Partner; über die Existenz von Dingen, ihre Eigenschaften und Gesetzmäßigkeiten ihres Zusammenhangs; über die Beziehung der Gesprächspartner, ihre Rechte, Pflichten und Machtmittel oder den Grad an Nähe, Sympathie und Vertrautheit; Annahmen über Zwecke und Spielregeln des Gesprächs; Befindlichkeiten der Hörer; Ereignisse oder Handlungen, auf die angespielt wird etc.

Äußerungen im Gespräch haben also *nie nur einen* Kontext. Aufgrund der Vielfalt möglicher Kontextdimensionen ist die Formulierung eines Kontexts stets *perspektivisch*: Das Verhältnis zwischen Gesprächsteilnehmern kann etwa unter dem Aspekt der Kommunikationssituation, dem der interpersonalen Beziehung oder dem der wechselseitigen Erwartungen beschrieben werden (Deppermann/Spranz-Fogasy i.Dr.). Dies sind keine unterschiedlichen Kontexttatsachen, sondern verschiedene, einander überlappende Weisen der Beschreibung von Interaktionsverhältnissen nach unterschiedlichen Schwerpunkten. Eng damit verbunden ist, daß Kontextbeschreibungen *hierarchisch und funktional gegliedert* sind: So kann z.B. eine rüde Aufforderung auf eine Vorgesetzten-Untergebenen-Beziehung hindeuten, die ihrerseits (abstrakter) ein asymmetrisches Verhältnis bedeutet, welches durch unterschiedliche Rechte und Pflichten der Teilnehmer und durch eng umschriebene Interaktionsregeln gekennzeichnet ist. Kontextanalysen können sich also auf unterschiedliche Sinnbereiche und verschiedene Grade der Feinrasterung und Abstraktion von Kontextdimensionen beziehen. Für die Kontextanalyse sind drei Fragestellungen entscheidend:

1. *Was* geht einer fokalen Äußerung voraus?
2. *Wie* bezieht sich die fokale Äußerung auf Vorangegangenes?
3. *Welche Voraussetzungen* werden mit der fokalen Äußerung gemacht?

Beginnen wir mit der ersten Frage (s.a. Wootton 1989, 244f.). Viele Äußerungen werden nur dadurch zu Äußerungen eines bestimmten Typs, daß ihnen Äußerungen eines bestimmten anderen Typs vorausgehen. Soll es sich etwa um eine Antwort handeln, muß zuvor eine Frage gestellt worden sein, und ein Einwand richtet sich gegen eine vorher aufgestellte Behauptung. Die Äußerungstypen ‚Einwand' und ‚Antwort' sind also *relational*, ihre Definition schließt ein bestimmtes Verhältnis zu vorangegangenen Aktivitäten ein. Zur Rekonstruktion von Äußerungsfunktionen ist es fast immer notwendig, den vorangegangenen Interaktionsverlauf zu berücksichtigen, da die Funktion einer Äußerung immer auch darin besteht, den vor der Äußerung bestehenden Gesprächsstand (z.B. ein Teilnehmer hat eine Behauptung aufgestellt) in einen neuen Gesprächsstand zu überführen (z.B. ein zweiter Teilnehmer teilt die Behauptung oder weist sie zurück). Eine weitere wichtige Rolle des vorangehenden Gesprächsverlaufs kann darin bestehen, daß er Voraussetzungen schafft, die für den Vollzug der fokalen Aktivität notwendig oder zumindest günstig sind. Dies gilt z.B. für Eröffnungen und vorausgreifende Verdeutlichungen komplexer Sachverhaltsdarstellungs- und Handlungsschemata wie Erzählungen oder Beratungen, in denen das Kommende angekündigt und von den Beteiligten ratifiziert werden muß, soll es in der Folge nicht zu Koordinationsproblemen kommen (Kallmeyer 1985). Die vorangehende Äußerung kann also in verschiedener Weise wichtig sein für die folgende fokale Äußerung: sie kann Auslöser, Vorbedingung, Gelegenheit oder Vorgabe sein, die spezifische Erwartungen an die fokale Äußerung stellt (s. V).

Die zweite Frage der Kontextanalyse beinhaltet zweierlei: *Auf welche* vorangegangenen *Beiträge* bezieht sich die Äußerung, und *in welcher Relation* steht die fokale Äußerung zum Vorangegangenen? Diese Fragen werden vor allem von der *Textlinguistik* behandelt (Vater 1994), und sie sind ein Grund dafür, warum Gesprächsprotokolle häufig als ‚*Texte*' bezeichnet werden (von lat. „tegere" = „weben").[10] Dies liegt nicht nur an ihren medialen Eigenschaften (sie liegen in schriftlicher Form vor). Theoretisch entscheidend für den Textbegriff sind strukturelle Eigenschaften, die Textur der Texte, die als ‚*Kohäsion*' und ‚*Kohärenz*' bezeichnet werden. Sie bestehen darin, daß einzelne Textelemente nicht selbständig sind, sondern nur dann adäquat zu interpretieren sind, wenn sie in Bezug zu anderen gesetzt werden (Halliday/Hasan 1976). Äußerungen werden in der Regel spezifisch in Hinblick auf die vorangegangenen Äußerungen formuliert. Die Konversationsanalyse spricht hier von *lokaler Produktion*: Äußerungen sind (zumeist) keine vorgefertigten Versatzstücke, sondern werden in ihren Details zu dieser Gelegenheit für diese Gelegenheit produziert (Schegloff 1984). Ein Niederschlag dieses Prinzips der lokalen Produktion sind kohäsive Beziehungen. ‚*Kohäsion*' meint syntaktische Markierungen, die Abhängigkeiten von Textelementen an der Textoberfläche anzeigen (Beaugrande/Dressler 1981, 50ff.). Hierzu gehören grammatische Formen und Merkmale wie Proformen (z.B. Pronomina), (partiale) Rekurrenzen (= Wiederholungen), Paraphrasen, Ellipsen (= reduzierte Strukturen), (Kon-)Junktionen, Tempus, Modus oder die unten besprochenen Deplazierungsmarkierungen und Fokusoperatoren. Kohäsionsmarkierungen sind sprachliche Verfahren, die benutzt werden, um Beziehungen zwischen Äußerungsteilen herzustellen. Viele Beziehungen werden jedoch nicht grammatisch enkodiert oder ausdrücklich genannt, sondern müssen *inferentiell erschlossen* werden. Sie sind nicht durch rein grammatisch-semantisches Wissen zu rekonstruieren, sondern bedürfen Handlungs- und Weltwissens. Derartige Relationen konstituieren (neben den kohäsiven) die ‚*Kohärenz*' von Texten (Allen 1995, Kap.15f.). Kohärenz ist also etwas, was nicht direkt an der Textoberfläche abzulesen ist, sondern sie beruht auf Interpretation und erfordert spezifisches *Hintergrundwissen* über typische und erwartbare Zusammenhänge zwischen Sachverhalten, Handlungen und auch zwischen Äußerungstypen (6.4.).

In Gesprächen gilt das *Prinzip der lokalen Kohärenz* (Sacks 1987): Die unmittelbar vorangehende Äußerung bildet den Bezugsrahmen für die gegenwärtige Äußerung, sofern nicht ausdrücklich angezeigt wird, daß eine andere Äußerung den relevanten Kontext darstellt. Das Prinzip der lokalen Kohärenz ist eine unmittelbare Konsequenz des allgemeinen Sequenzialitätsprinzips. Das Prinzip der lokalen Kohärenz sorgt dafür, daß zwischen direkt aufeinanderfolgenden Äußerungen auch solche Kohärenzverhältnisse hergestellt werden, die nicht explizit formuliert werden müssen. Dies gilt genauso

---

10 Allerdings werden in der Textlinguistik in der Regel nicht die besonderen Relationen zwischen Beiträgen verschiedener Sprecher berücksichtigt

für das Verhältnis von Äußerungen innerhalb des Beitrags eines Sprechers wie für das Verhältnis zwischen Beiträgen verschiedener Sprecher. So wird z.B. durch „und (dann)" verknüpfte, aufeinanderfolgende Ereignisdarstellungen häufig nahegelegt, daß spätere Ereignisse nicht nur nach früheren geschahen, sondern *aufgrund* der früheren (= Prinzip des ‚*post hoc ergo propter hoc*'). Kohärenzverhältnisse zwischen Äußerungen bestehen in Relationen wie ‚ist-Folge-von', ‚ist-Erklärung/Begründung-für', ‚ist-nähere Erläuterung-von' oder ‚steht-im-Widerspruch-zu' (Mann/Thompson 1988).

Ein klassisches Beispiel von Sacks (1972) illustriert das Prinzip der lokalen Kohärenz. Die Äußerungsfolge „The baby cried. The mommy picked it up." wird (nahezu?) jeder so interpretieren, daß sich „it" auf das zuvor erwähnte „baby" bezieht (und nicht etwa auf einen im Raum stehenden Stuhl); daß beide Ereignisse aufeinander folgen und nicht mehrere Stunden auseinanderliegen; daß „the mother" die Mutter des Babys ist; daß die Mutter das Baby auf den Arm nimmt, weil es weint (und nicht etwa, weil sie gerade erst bemerkt hat, daß sie seine Mutter ist). Man beachte, daß die abweichenden Interpretationen nicht aus fehlerhaftem grammatischem oder lexikalischem Verständnis entstehen! Die normalen Interpretationen beruhen auf dem Prinzip der lokalen Interpretation und stützen sich außerdem darauf, daß kulturell verbreitetes Hintergrundwissen über typische Handlungen und Motive von Kategorienmitgliedern (hier: Mütter) zur Kohärenzstiftung herangezogen wird (6.4.).

Das Prinzip der lokalen Kohärenz kann aber auch außer Kraft gesetzt werden: durch Vor- und Rückverweise („nochmal zu ...", „bevor ich zu ... komme", „jedenfalls"; *Fokuswechseloperatoren* nach Kallmeyer 1978), durch *Deplazierungsmarkierungen* („nebenbei gesagt", „da fällt mir gerade ein"; ‚*misplacement markers*' nach Schegloff/Sacks 1973) oder durch die Initiierung von *Einschubsequenzen* (z.B. wenn einer Frage mit einer Gegenfrage begegnet wird, die die vorherige Abklärung einer Voraussetzung für die Antwort auf die erste Frage zum Gegenstand hat; ‚*insertion sequence*' nach Schegloff 1968). Das Gespräch kann somit zusätzlich zur temporal-linearen Sequenzialität auch eine *hierarchisch gestaffelte Makrostruktur* erhalten, die bei ausgebauten Erzählungen oder in Interaktionen, die komplexen Handlungsschemata folgen, mit einer eigenen strukturellen Beschreibung zu analysieren ist (6.1.). Eine andere, häufig zu beobachtende Art, lokale Kohärenz aufzuheben, besteht darin, daß Sprecher nicht an ihre Vorgänger anknüpfen, sondern an ihre eigene letzte Äußerung (‚*Selbstkohärenz*').

Selbstkohärenz ist konstitutiv für manche Interaktionstypen (Interview, Verhör, ärztliche Anamnese). Es kann rollengebundene Asymmetrien und einen Gesprächsführungsplan des Sprechers reflektieren (Foppa 1990; Heritage/Roth 1995), kann aber auch auf Mißverstehen, Desinteresse und Aneinandervorbeireden hindeuten.

Die dritte Frage der Kontextanalyse lautete: Welche Voraussetzungen werden mit der fokalen Äußerung gemacht? Selbst wenn Sprecher Bezugskontexte explizit benennen, bilden diese nur einen Ausschnitt der relevanten Interpretationsvoraussetzungen, während weitere implizit vorausgesetzt werden.[11] Grundlegend für die Rekonstruktion solcher *impliziter Voraussetzungen* sind die Fragen: In welcher Situation sagt man so etwas? In welche Geschichte paßt diese Äußerung? Wir können uns Äußerungen (oder auch ganze Gesprächsabschnitte) als Schritte einer Geschichte vorstellen. Jede Geschichte kommt durch aufeinander aufbauende Ereignisse zustande; die Bedeutung des einzelnen Ereignisses liegt genau in dem Beitrag, den es zur Entstehung der Geschichte leistet. Sehen wir uns unter dieser Perspektive Gesprächsabschnitte an, können wir uns unterschiedliche Geschichten vorstellen, zu der eine fokale Sequenz beitragen könnte. Zu suchen sind also *mögliche Ganzheiten* (Geschichten, Szenarien, Situationen, Selbst- und Beziehungsentwürfe), innerhalb derer die fokale Aktivität die Rolle eines *Teils* spielen kann. Es kann dann sowohl nach der besonderen Leistung des Teils für das Ganze als auch nach der Beschaffenheit des Ganzen gefragt werden. Einzelne Formen und Gesprächspraktiken haben dabei als solche meist ein sehr weites *Funktionspotential*: Sie können auf sehr unterschiedliche Typen von Kontexten verweisen; erst im Fallzusammenhang konkretisiert und vereindeutigt sich ihr Bezug. Besonders wichtig für die Rekonstruktion impliziter Kontextdimensionen ist die Analyse von Merkmalen der Äußerungsgestaltung (s. II), die als *Kontextualisierungshinweise* eingesetzt werden. Die Äußerungsgestaltung gibt Hinweise auf Kontextannahmen und schließt viele Kontexte aus, die unter einer rein inhaltlichen Interpretation von Äußerungen denkbar wären; wichtig sind hier vor allem Prosodie, lexikalische Wahlen und formelhafte Wendungen (Gumperz 1982). Zur Interpretation von Kontextualisierungshinweisen sind oft ethnographische Kenntnisse hilfreich, wenn nicht unentbehrlich (z.B. wenn Gruppensprachen, Fachtermini oder assoziationsträchtige Intonationsweisen verwendet werden; 6.4.).

Eine besondere Art impliziter Voraussetzungen ist die Kenntnis von Bezugsäußerungen bzw. -texten, die nicht aus dem aktuellen Gespräch stammen, sondern aus anderen Unterhaltungen, aus Medien, aus der Literatur etc. Oftmals benötigen man eine profunde Kenntnis des Ursprungskontextes (des Wortlautes, des Urhebers, der Rezeptionsgeschichte des Textes, der Intention, die seiner Formulierung zugrundelag, etc.), um *intertextuelle Beziehungen* (Plett 1991) in Form von Zitaten, Anspielungen, Wortspielen, Karikaturen, Ironie etc. zu erkennen und in ihren mannigfaltigen Facetten goutieren zu können. Dabei ist häufig sehr schwierig zu bestimmen, welche Aspekte der potentiellen intertextuellen Sinndimensionen im Gespräch relevant sind und welche durch Intertextualität erzeugbaren Sinneffekte im untersuchten Gespräch tatsächlich eine Rolle spielen.[12]

---

11 Ich unterscheide hier nicht zwischen verschiedenen und je nach sprachpragmatischer Theorie unterschiedlich verstandenen Arten impliziter Voraussetzungen, die in der Literatur als Präsuppositionen, Implikaturen und Gelingensbedingungen von Sprechakten behandelt werden (Levinson 1990).

12 Diese Schwierigkeit zeigt Hartung (1998) ausführlich am Beispiel von Ironie im Gespräch.

Gesprächsbeiträge und Kontexte stehen zueinander in *reflexiver Beziehung*, d.h. sie beeinflussen einander wechselseitig (Auer 1992). Beiträge beziehen ihre Bedeutung einerseits aus vorausgesetzten Kontexten, innerhalb derer sie zu verstehen sind. Zugleich schaffen bzw. bestätigen sie die Geltung von Kontexten im jeweiligen Gesprächsmoment, und dies zum Teil gerade dadurch, daß sie sie implizit als gegeben voraussetzen. Kontexte existieren also nicht unabhängig vom Gesprächsprozeß: Die Beteiligten müssen einander durch entsprechende Hinweise fortlaufend zeigen, in welchem Kontext sie agieren. Tun sie das nicht, entstehen Verunsicherung und Mißverständnisse. Gesprächsteilnehmer verharren also nicht statisch in vorgegebenen Kontexten. Neue Kontexte werden signalisiert, vorangegangene aufgegeben. So mögen sie eine Weile ernst miteinander sprechen, um dann in Frotzelei überzugehen; oder einander nacheinander als Berater, Hilfsbedürftiger oder Beichtvater behandeln. Kontexte sind *dynamische Bezugsdimensionen*, die im Gespräch signalisiert, aufrechterhalten und verändert werden.

> ➔ **Fragen zur Kontextanalyse**
> - Bestehen kohäsive Relationen zwischen Äußerungen, und welcher Art sind sie (z.B. Pronominalisierung, Wiederholung, lexikalische Ersetzung)?
> - Welche Kohärenzverhältnisse bestehen zwischen Äußerungen? Wodurch werden sie hergestellt? Werden sie explizit gemacht oder nur angedeutet, insinuiert, offen gelassen etc.? Welche Wissensvoraussetzungen sind notwendig, um diese Kohärenzen herzustellen?
> - Welche Merkmale der Äußerungsgestaltung sind Kontextualisierungshinweise? Was wird als relevanter Kontext aufgerufen?
> - Was geht der fokalen Äußerung bzw. Sequenz voran? Wer spricht vorher?
> - Welcher Art ist das Vorangegangene, und inwiefern schafft es (notwendige, günstige) Voraussetzungen für die fokale Äußerung?
> - An welche Äußerung knüpft die fokale Äußerung an, und welches Verhältnis wird zu ihr hergestellt? (Wie) ist die fokale Äußerung auf die Eigenschaften der vorangegangenen Äußerung zugeschnitten?
> - Wann wird welcher Kontext eingeführt oder aufgegeben? Was könnte zu Kontextwechseln Anlaß gegeben haben, und welche Funktion hat die Einführung neuer Kontexte?
> - Werden intertextuelle Bezüge hergestellt? Auf welche Aspekte des Bezugs- bzw. Ursprungskontextes bezieht sich der Verweis, und wie wird mit diesen Aspekten umgegangen? Welcher Art ist der Verweis (ironisch, als Autorität zitierend, verulkend)?
> - Wie tiefgreifend sind Kontextveränderungen, die sich im Gesprächsverlauf entwickeln? Betreffen sie nur oberflächlichere Aspekte oder grundlegende (Beziehungs-)Qualitäten?
> - Sind Kontextwechsel funktional miteinander verknüpft? (Welche Rolle spielen z.B. Klatschsequenzen in Geschäftsbesprechungen?)
> - Teilen Gesprächsteilnehmer kontextbezogene Annahmen? Rivalisieren sie um die Definition des relevanten Kontextes? Reden sie aneinander vorbei, da sie von unterschiedlichen Situationsauffassungen ausgehen? Werden Kontextannahmen einseitig durchgesetzt, ausgehandelt oder dezidiert vage gehalten?

V Folgeerwartungen

Jede Äußerung steht in einem *doppelten zeitlichen Horizont*: Sie orientiert sich an einem vorangehenden Kontext und bildet selbst einen Kontext für folgende Äußerungen, ist also ihrerseits bei der Gestaltung und Interpretation folgender Äußerungen zu berücksichtigen (Heritage 1984a, 245-264). Dieser Zusammenhang ist in *sozialen Erwartungen* begründet: Eine Art von Äußerung läßt erwarten, daß Äußerungen eines bestimmten anderen Typs folgen. Ist eine fokale Äußerung (z.b. eine Frage) dazu bestimmt, eine spezifische Reaktion (z.b. eine Antwort) hervorzurufen, wird diese Eigenschaft als ‚*konditionelle Relevanz*' bezeichnet: Die erste Äußerung schafft Bedingungen, durch die ein bestimmter Typ von Folgehandlungen relevant wird.

Klassisches Beispiel für konditionelle Relevanzen, die von einer Äußerung ausgehen, sind sog. ‚*Nachbarschaftspaare*' (‚adjacency pairs', Schegloff 1968): Gruß-Gegengruß, Frage-Antwort, Entschuldigung-Akzeptieren der Entschuldigung etc. Diese Paare bestehen aus zwei Teilen, die von unterschiedlichen Sprechern aufeinanderfolgend produziert werden. Hat ein Sprecher einen ersten Teil produziert, ist der zweite erwartbar bzw. gar einzufordern.

Folgeerwartungen legen in der Regel nicht die konkrete Form der Anschlußbeiträge fest, sondern nur gewisse Eigenschaften, die adäquate Anschlüsse zu erfüllen haben. In strukturalistischen Termini: Sie eröffnen qualifizierte Leerstellen (‚*slots*'), die durch einen Beitrag gefüllt werden können (‚*filler*'), der den Anforderungen genügt, die durch den vorangegangenen Beitrag festgelegt wurden. Das Verhältnis zwischen Folgeerwartungen, die durch einen fokalen ersten Beitrag A in Kraft gesetzt werden, und dem tatsächlichen Anschlußbeitrag B kann drei Formen annehmen:

1. Die *präferierte* Folge: B löst die durch A geschaffene Erwartung ein.
   Bsp.: B beantwortet A's Frage in einer Weise, die sie für ausreichend hält.
2. Die *dispräferierte* Folge: B löst die Erwartung nicht ein, zeigt aber, daß sie die Erwartung kennt.
   Bsp.: B erklärt, daß sie A's Frage nicht beantworten kann, weil sie die Antwort nicht kennt, die Frage falsch gestellt ist etc. B sagt also nicht einfach nichts, sondern orientiert sich an A's (vermeintlicher) Erwartung und macht etwas, das A zeigt, daß B diese Erwartung kennt, ihr aber nicht nachkommen kann.
3. Die *ignorierende* Folge: B löst die Erwartung nicht ein, ohne zu erkennen zu geben, daß sie die Erwartung kennt oder sich an ihr orientiert.
   Bsp.: B schweigt auf eine Frage hin oder macht Ausführungen, die nicht als Antwort gelten können (wie z.B. oft in Politikerinterviews). Entscheidend ist hier, daß nicht angezeigt wird, daß B die Abweichung ihres Tuns vom Erwarteten wahrnimmt.

Diese drei Fälle zeigen: Der Erwartungszusammenhang zwischen aufeinanderfolgenden Beiträgen beruht auf *normativen Regeln*, nicht auf statistischer

Wahrscheinlichkeit.[13] Im Fall 2 zeigt sich gerade in der Art und Weise, in der B von der Erwartung abweicht, daß B sich an ihr orientiert. Im Fall 3 erleben wir oft, daß A nachhakt und so zeigt, daß sie eine Erwartung hegte, die nicht erfüllt wurde. Vor allem aber schlägt sich dieser Fall in Zuschreibungen wie „unhöflich", „arrogant" etc. nieder. Äußerungen beschränken nicht nur den Spielraum von Anschlußhandlungen, sondern sie bestimmen auch die *Interpretation* dessen, was tatsächlich an sie anschließt (Heritage 1984a, 247ff.).

Normative Erwartungen gelten nicht nur für die Anschlußhandlungen anderer, sondern auch für die Person selbst, die eine Äußerung macht. Mit jeder Äußerung verbinden sich handlungstypspezifische *Selbstverpflichtungen*, die in der Sprechakttheorie als ‚*Gelingensbedingungen*' (‚felicity conditions', Levinson 1990, Kap. 5) bezeichnet werden. Diese Selbstverpflichtungen können anschließende Handlungen des Sprechers betreffen. So kann nach einer Erzählankündigung erwartet werden, daß auch eine Erzählung folgt, daß Höhepunkte detailliert dargestellt werden, für Zuhörer unverständliche Sachverhalte erklärt werden etc. (Schütze 1987). Andere Gelingensbedingungen beziehen sich auf Voraussetzungen, die erfüllt sein müssen, wenn eine Sprechhandlung gültig sein soll; die Zuhörerin kann den Sprecher auffordern zu zeigen, daß die Gelingensbedingungen erfüllt sind. Stellt A z.B. fragwürdige Behauptungen auf, kann B Begründungen oder Beweise fordern; stellt A eine Frage, kann B zurückgeben, warum A dies wissen will etc.

Erwartungen bilden sich auch in abstrakteren, nicht auf einzelne Äußerungen beschränkten Hinsichten. Haben sich in der bisherigen Interaktion eine bestimmte Beziehung der Interaktionsteilnehmer, ein Umgangsstil, eine Selektivität der Behandlung von Themen etc. herausgebildet, so entstehen daraus Erwartungen und ggfs. Verpflichtungen für das Folgende. Beiträgen von Interaktionsteilnehmern kann nun eine Bedeutung zuteil werden, die sie in anderen Kontexten nicht erhielten, weil sie als plötzlicher Bruch zum Vorangegangenen auffallen. Die Interaktanten interessiert nicht die Bedeutung, die eine Äußerung „an sich" hat – es interessiert die besondere Art, in welcher sie die allgemeine Richtung des Gesprächs in diesem Moment fortschreibt oder abändert.

Bei der Gesprächsanalyse geht es darum, Folgeerwartungen empirisch zu erschließen. Die Rekonstruktion der Erwartungen, die mit einer fokalen Äußerung erzeugt werden, muß sich deshalb möglichst auf die tatsächlich folgenden Handlungen aller Beteiligten, d.h. auf die interaktiven *Konsequenzen* (s. VI) stützen. Mit ihren Reaktionen geben Gesprächsteilnehmer zu verstehen, welche Erwartungen sie an sich gerichtet sehen, ob Erwartungen erfüllt wurden, wie die Erfüllung interpretiert und beurteilt wird etc. Es ist zwar zumeist unumgänglich und heuristisch notwendig, Hypothesen über Folgeerwartungen aufgrund der eigenen kommunikativen Kompetenz als Ge-

---

13 Allerdings können Häufigkeitsverteilungen Hinweise auf solche Regeln geben, die Gültigkeit der Regel muß dann allerdings jeweils am Einzelfall ausgewiesen werden.

sprächsanalytiker zu formulieren, doch muß stets versucht werden, diese Intuitionen im faktischen Interaktionsverlauf zu verankern (s. 6.4.).

> ➔ **Fragen zu Folgeerwartungen**
> - Welche Folgeerwartungen sind mit einer fokalen Äußerung verbunden? Schafft sie eine spezifische konditionelle Relevanz? Erlegt sie dem nächsten Sprecher Handlungszwänge auf?
> - Welche Anschlußmöglichkeiten bestehen nach der fokalen Äußerung? Für welche Aspekte der Anschlußhandlung schafft die fokale Äußerung Erwartungen, welche Aspekte sind nicht festgelegt?
> - Welcher Art sind die präferierten und die dispräferierten Anschlüsse?
> - (Wie) zeigt der Folgesprecher an, daß er sich durch die vorangegangene Äußerung vor bestimmte Erwartungen an seinen Beitrag gestellt sieht?
> - (Wie) gibt der Sprecher der fokalen Äußerung zu erkennen, welche Erwartungen er an den Folgesprecher (allgemein: an seine Rezipienten) richtet? Zeigt der Sprecher im weiteren Gesprächsverlauf, welcher Art seine Erwartungen an die Folgesprecher gewesen sind?
> - Welche Verpflichtungen geht der Sprecher mit seiner Äußerung ein?

VI Interaktive Konsequenzen

Die Untersuchung der interaktiven Konsequenzen, also der *Reaktionen*, die auf eine fokale Äußerung erfolgen, ist wohl die *wichtigste Analyseaufgabe*. Interaktive Konsequenzen sind die *wertvollste Ressource* für die Rekonstruktion der Handlungs- und Interpretationspraktiken von Gesprächsteilnehmern, weil diese aufzeigen müssen, wie sie einander verstehen, wenn sie Verständigung und Handlungskoordination sicherstellen wollen. Indem die Gesprächsbeteiligten durch ihre Reaktionen *einander* ihre Interpretationen einer fokalen Äußerung verdeutlichen, bieten sie *zugleich uns* als Analytikern einen Ausgangspunkt und ein Prüfkriterium für die Entwicklung von Interpretationshypothesen und Regelrekonstruktionen: Wie die Gesprächsbeteiligten können auch wir die Reaktionen einer Analyse unterwerfen (Sacks et al. 1974; Schegloff 1997). Die Protokollierung, Analyse und Präsentation der Aktivitäten, die einer fokalen Äußerung oder Sequenz folgen, ist also für den Forschungsprozeß und für die Darstellung der Ergebnisse unerläßlich, da nur so überprüft werden kann, ob sich die Interaktanten tatsächlich an den Prinzipien orientieren, die postuliert werden. Schegloff (1991) nennt dieses Kriterium ‚*procedural consequentiality*' (sinngemäß zu übersetzen mit ‚systematische Konsequenzen für den weiteren Gesprächsverlauf'): Die Interpretation eines Gesprächszugs ist dann gültig, wenn gezeigt werden kann, daß diese Interpretation und die Handlungsprinzipien, die ihr zugrundeliegen, für die Interaktanten selbst im weiteren Gesprächsverlauf handlungsleitend sind.

Sowohl für die Gesprächspartner als auch für die Analytiker sind die Reaktionen, in denen die Interpretation von Gesprächsaktivitäten aufgezeigt werden, deshalb so wichtig, weil die Bedeutung von Gesprächsbeiträgen weder einfach aus dem Wörterbuch abzulesen noch aus einer linguistischen, psychologischen etc. Theorie abzuleiten ist. Die Bedeutung von Äußerungen entsteht vielmehr im Interaktionsprozeß selbst (Garfinkel/Sacks 1976). Natürlich müssen Interaktanten Wissen über mögliche Bedeutungen von Äußerungen ins Gespräch mitbringen – das gilt auch für den Gesprächsanalytiker (6.4.). Dieses Wissen bestimmt aber keineswegs abschließend, was Äußerungen zu besagen haben. Mit einer gesicherten Ausgangsbedeutung beginnen zu wollen, würde ganz grundlegenden Eigenschaften von Interaktion zuwiderlaufen. Bedeutungen werden im Laufe der Interaktion *ausgehandelt*; die Deutung einzelner Beiträge ist oft nur sehr *vage* bestimmt; sie ist *flexibel*, kann im nachhinein abgeändert oder in unerwartete Richtungen spezifiziert werden. Sprecher können zwar einiges dazu tun, daß andere sie in der gewünschten Weise verstehen (oder nicht zu gut verstehen!). Die interaktive Bedeutung einer Äußerung ist aber in dem Moment, in dem sie gemacht wurde, nicht abschließend bestimmt, sie ist nicht einseitig vom Sprecher festzulegen.[14] Deutungen können nachträglich modifiziert werden.

Vagheit, Flexibilität, Revidierbarkeit und Aushandelbarkeit zeigen sich vielfältig.

- *‚Formulations'* (Heritage/Watson 1979) sind Äußerungen über Äußerungen bzw. Gesprächsereignisse: Ankündigungen, Paraphrasen, Zusammenfassungen, Erläuterungen.
- *‚Reframings'* (Goffman 1977) rahmen vorangegangene Äußerungen neu, z.B. als Witz, Ironie, Wiedergabe von Meinungen anderer, auf einem Mißverständnis beruhend etc. Sie machen sich Flexibilität und Vagheit von Bedeutung dadurch zunutze, daß sie eine Lesart anbieten, die das Verständnis des Gesagten modifiziert. Paradigmatisch zeigt sich die Flexibilität von Äußerungen im Streit, was jemand „wirklich" gemeint hat.
- *‚Accounts'* (Heritage 1988) beziehen sich auf andere Äußerungen des gleichen Sprechers und rechtfertigen, erklären oder erläutern diese.
- *‚Korrekturen'* (*‚repair'*, Schegloff et al. 1977) bieten eine „verbesserte" Formulierung von bereits Gesagtem an; sie können vom Sprecher des Korrigendums oder von seinen Gesprächspartnern initiiert und vollzogen werden.

Die Analyse der interaktiven Konsequenzen und damit der Aushandlung der Bedeutung einer fokalen Äußerung kann vier *Positionen* berücksichtigen (vgl. Schegloff 1992a):[15]

---

14 Bestimmt ein Anwesender ohne Rücksicht auf die Aktivitäten anderer die maßgebliche Interpretation oder Gültigkeit von Äußerungen oder enthalten sich Gesprächsteilnehmer des Aushandelns von Bedeutungen, dann verweist dies zumeist auf ein sehr wichtiges Charakteristikum der Interaktion. Es kann sich dann um eine extrem *asymmetrische, machtregulierte Interaktion* handeln oder um einen *ritualisierten Austausch*, der für die Teilnehmer hochgradig voraussehbar ist.

15 ‚Positionen' sind nicht mit Beiträgen oder gar Äußerungen gleichzusetzen. ‚Positionen' sind als sequentielle Stellen der Interpretation eines fokalen Elements bestimmt, und jede ‚Position' ist durch ein bestimmtes Verhältnis von fokaler Äußerung und Beteiligungsrolle (Produzent bzw. Rezipient) definiert. Deshalb können sich z.B. mehrere Gesprächsbei-

1. die Fortsetzung des Beitrags durch den Sprecher selbst,
2. unmittelbar anschließende Reaktion(en) der Gesprächspartner,
3. die Reaktion des Sprechers der fokalen Äußerung auf diese Reaktionen,
4. Rückbezüge auf die fokale Äußerung im späteren Gesprächsverlauf.

Wenn sich an eine fokale Äußerung weitere Beitragskonstruktionseinheiten anschließen, können diese darauf hin analysiert werden, inwiefern sie das Verständnis der fokalen Passage klären. Allgemeine Fragen zur Abfolge von Einheiten innerhalb von Gesprächsbeiträgen eines Sprechers wurden bereits in II unter dem Gesichtspunkt ‚Formulierungsdynamik' angesprochen. Hier geht es nun spezifischer darum, welche Funktion und Interpretation der Sprecher durch *später folgende Beitragselemente* früheren zuweist. Diese Frage ist besonders wichtig, wenn wir längere Beiträge (z.B. biographische Erzählungen, Witze) oder gar monologische Reden analysieren wollen, die uns vor das Problem stellen, daß Adressatenreaktionen nur sehr spärlich oder inhaltlich unterbestimmt ausfallen oder gar nicht zu gewinnen sind und deshalb als Analyseressource und Prüfkriterium ausfallen. Das sequenzanalytische Prinzip der sukzessiven Sinnentfaltung und -bestimmung kann hier trotzdem angewendet werden, wenn man heuristisch davon ausgeht, daß jedes Beitragselement wie bei wechselnden Sprecherrollen Folgeerwartungen mit sich bringt und eine Interpretation des zuvor Gesagten beinhaltet.

Die bevorzugte und am breitesten genutzte Ressource der Entwicklung und Validierung von konversationsanalytischen Interpretationen besteht in der Untersuchung der Reaktionen der Gesprächspartner auf die fokale Äußerung (= ‚*second position*'). Sie können zwar ausdrücklich kundtun, wie sie vorangegangene Beiträge verstehen. In der Regel wird Verständigung jedoch „nebenbei" gesichert: Jede neue Äußerung hat eine *initiative Komponente* – sie schafft eine neue Gesprächstatsache – und eine *reaktive Komponente* – sie beinhaltet eine Interpretation von Vorangegangenem und eine Stellungnahme zu ihr (Clark 1992). Meistens kommt die reaktive Komponente nur in reduzierter Form (durch Rückmeldesignale) oder indirekt zum Ausdruck, nämlich in Sprechhandlungen, die durch die Art und Weise ihres Vollzugs eine Interpretation der vorangegangenen Äußerung erkennen lassen. So zeigen Antwortende, daß sie einen vorangegangenen Beitrag als Frage verstanden haben, nicht dadurch, daß sie sagen „das war jetzt eine Frage", sondern indem sie eine Antwort geben. Das Verständnis einer vorangegangenen fokalen Äußerung wird also häufig dadurch dokumentiert, daß die folgende Äußerung selbst nur dann verständlich und akzeptabel ist, wenn sie ein bestimmtes, aus ihr zu erschließendes Verständnis der fokalen Handlung einschließt. Ein Gegenvorwurf ist z.B. nur dann verständlich, wenn man davon ausgeht, daß die vorangegangene Partneräußerung als Vorwurf aufgefaßt und nicht

---

träge in zweiter Position befinden, weil es sich um mehrere Rezipientenreaktionen handelt; umgekehrt wäre etwa ein Gesprächsbeitrag, der dezidiert keinerlei Bezug auf die fokale Äußerung nimmt, kein Beitrag, der einer Position zuzuordnen ist.

akzeptiert wird. Besonders wichtig ist die Reaktion auf die fokale Äußerung für die empirische Analyse der Folgeerwartungen, die mit der fokalen Äußerung erzeugt wurden (vgl. V). Mit der Reaktion gibt die Gesprächspartnerin zu verstehen, welche Erwartungen sie an sich gerichtet sieht und wie sie sich zu ihnen stellt. Es lassen sich so zum einen intersubjektive Erwartungen rekonstruieren (z.B.: eine Einladung muß man annehmen oder ablehnen), zum anderen können Varianten und Präferenzen identifiziert werden, wie mit diesen Erwartungen in einer für die jeweilige Kommunikationsgemeinschaft adäquaten Weise umgegangen wird (Wie nimmt man eine Einladung so an, daß man Freude und Ehrerbietung ausdrückt? Wie lehnt man höflich ab?).

Der Produzent einer fokalen Äußerung kann anhand der Reaktion von Gesprächspartnern (mehr oder weniger deutlich) erkennen, wie diese seine fokale Äußerung interpretiert haben. Nun hat er in der *dritten Position* (,third position') die Gelegenheit, zu diesem Verständnis Stellung zu nehmen (präziser gesagt: seine Interpretation der Reaktion der Partner auf seine fokale Äußerung zum Ausdruck zu bringen). Diese Stellungnahme hat grundsätzlich die gleichen Eigenschaften wie die Reaktionen in der zweiten Position: Sie wird in der Regel beiläufig vollzogen, Aushandlung und Verständigungssicherung können aber auch expliziter stattfinden (z.B. durch eine Selbstkorrektur der fokalen Äußerung, durch Nachhaken, nachgeschobene Begründungen etc.). Die dritte Position ist für die Beteiligten wie für die Gesprächsanalytikerin eine besonders wichtige Quelle für *Intentionsanalysen*: In ihr hat der Produzent einer fokalen Äußerung die Gelegenheit, ggfs. aber auch die Verpflichtung zu verdeutlichen, worauf er mit der fokalen Äußerung in der ersten Position hinauswollte – wenn seine Partner in der zweiten Position bspw. kein adäquates Verständnis manifestieren, unerwünschte Schlußfolgerungen gezogen oder Klärungen bzw. Korrekturen angeregt haben.[16] Die dritte Position ist insofern auch ein Test für Hypothesen über Folgeerwartungen und die mit ihnen zusammenhängenden konditionellen Relevanzen und Präferenzen, die vom fokalen Element ausgingen: In der dritten Position entscheidet sich, ob der Produzent des fokalen Elements die Art und Weise, in der Gesprächspartner auf dieses reagierten, akzeptiert, ob er also die von ihnen zugrundegelegten Regeln teilt und in Bezug auf welche Regeln er die erfolgte Reaktion (z.B. als Frechheit, unzulängliche Information, Scherz) interpretiert.

Der Dreischritt von

- erster Position: fokaler Äußerung,
- zweiter Position: Reaktion der Gesprächspartner,
- dritter Position: Reaktion des Produzenten der fokalen Äußerung auf die Reaktion der Partner

---

16 Intentionsanalysen sind allerdings – wie alle mentalistischen Fragestellungen – sehr problematisch (s. 6.3., II).

stellt die systematische Grundstruktur der Herstellung von *Intersubjektivität* im Gesprächsverlauf dar: Die Gesprächsteilnehmer verdeutlichen einander wechselseitig ihre Interpretation eines fokalen Elements, und sie zeigen einander, wie sie die Interpretationen des Gesprächspartners verstanden haben und ob diese im Einklang mit der eigenen ist (Clark 1996). Die so erzielte Intersubjektivität ist „öffentlich", sie besteht in einem allen Beteiligten zugänglichen sequentiellen Hör- und Sehereignis des Aufeinander-Bezug-Nehmens und nicht in einem geteilten mentalen Zustand oder in bloß spekulativer oder auf Vorwissen beruhender Einfühlung.

Verständigungssicherung folgt einem Ökonomieprinzip: Es wird nur soviel Aufwand betrieben wie notwendig ist, um die weitere Handlungskoordination zu gewährleisten und die soziale Beziehung nicht zu strapazieren. Die dritte Position ist deshalb die letzte systematische Position des Aushandlungsprozesses (Schegloff 1992a): Sie wird von den Gesprächsbeteiligten daraufhin abgehört, ob in ihr der Produzent der fokalen Äußerung die Reaktion der Gesprächspartner auf sie (auch nur stillschweigend) akzeptiert. Ist dies so, dann kann diese Reaktion als adäquate und damit gemeinsam geteilte Interpretation gelten. Trotzdem gilt auch diese Interpretation nur „bis auf weiteres" – im weiteren Gesprächsverlauf können Modifikationen angebracht werden, zwischenzeitliche Ereignisse können ein neues Licht auf die Dinge werfen, und es kann sich z.B. anhand von divergierenden Konsequenzen der Beteiligten herausstellen, daß die Interpretationen des fokalen Elements doch nicht hinreichend deckungsgleich waren. Bei einer intensiven Analyse dialogischer Bedeutungskonstitution ist daher der weitere Gesprächsverlauf nach *reinterpretierenden Rückbezügen* auf ein fokales Element abzusuchen, wodurch z.B. Bedeutungskarrieren eines einzelnen Ausdrucks nachgezeichnet und auf strukturbildende Prinzipien untersucht werden können (z.B. Deppermann i.Dr.; vgl. VII).

> ➔ **Fragen zu interaktiven Konsequenzen**
>
> Fragen zur Beitragsfortsetzung
>
> - Vereindeutigen spätere Beitragselemente die Interpretation früherer? Führen sie zu Modifikationen, Korrekturen und Klärungen?
> - Welche Funktion haben die späteren Elemente für die früheren?
>
> Fragen zur zweiten Position:
>
> - Wie reagieren folgende Sprecher auf vorangegangene Beiträge? Geben sie zu erkennen, wie sie den Vorgängerbeitrag interpretieren, und wenn ja, welcher Art ist die Interpretation?
> - Wie wird die Interpretation vorangegangener Beiträge angezeigt? Wie eindeutig, explizit, interpretationsoffen etc. ist die Reaktion? Auf welche (möglichen) Bedeutungsaspekte der Vorgängeräußerung bezieht sie sich, welche behandelt sie nicht? Werden Fragen der Verständigungssicherung explizit angesprochen?
> - (Wie) berücksichtigen Interaktanten Partneräußerungen? (Wie) bauen sie auf ihnen auf, (wie) integrieren sie sie in eigene Äußerungen?

- Akzeptieren Folgesprecher vorangegangene Beiträge? Stimmen sie dem Vorangegangenen zu? Initiieren sie eine Korrektur des vorangegangenen Beitrags oder nehmen sie selbst eine vor?
- Geben sie zu erkennen, daß sie sich vor bestimmte Erwartungen an ihre Reaktion gestellt sehen, und wie gehen sie mit diesen Erwartungen um? Läßt sich erkennen, daß sich die Interaktanten an einer bestimmten Präferenzordnung orientieren?
- Welchem Interpretationsprinzip, welcher Regel folgt die Reaktion?

Fragen zur dritten Position:
- Zeigt der Produzent der fokalen Äußerung an, wie er die Reaktion seiner Gesprächspartner verstanden hat und ob er mit ihr einverstanden ist?
- Verdeutlicht, korrigiert, begründet etc. der Produzent des fokalen Elements dessen Bedeutung?
- Die Fragen zur zweiten Position sind sinngemäß auf das Verhältnis der dritten Position zur zweiten und zum fokalen Element zu übertragen.

Fragen zum weiteren Aushandlungsprozeß:
- Über welche Schritte verlaufen Aushandlungen von Bedeutungen, Handlungsproblemen oder Ansichten?
- Wann kommt es zu Rückbezügen und Neuinterpretationen? Wie sind sie motiviert? Wird explizit auf frühere Aushandlungen Bezug genommen?
- Bildet sich eine spezifische Prozeßgestalt der Bedeutungskonstitution, ein übergreifendes Muster heraus? Welche dynamischen Prinzipien liegen dem Muster zugrunde?
- Welcher Art sind die Resultate von Aushandlungsprozessen? Werden sie fixiert, oder bleiben sie implizit?

VII Sequenzmuster und Makroprozesse

Interaktanten stehen in jedem Gespräch vor bestimmten Aufgaben, die zu bewältigen sind (6.3.). Ob diese „klein" oder „groß" sind, ob es etwa darum geht, eine Verabredung zu treffen oder eine Strafsache vor Gericht zu verhandeln – in jedem Falle sind Gesprächsaufgaben nur durch konzertierte Aktivitäten der Teilnehmer zu erledigen, die aus mehreren, aufeinander folgenden Schritten bestehen. Dieser Schritt-für-Schritt-Charakter von Gesprächen wird durch die grundsätzlichen Eigenschaften Zeitlichkeit und Interaktivität erzwungen: Jede Aufgabe muß zeitlich in einem linearen Nacheinander von Teilaktivitäten abgewickelt werden, und die gemeinsame Bearbeitung einer *Inter*aktionsaufgabe erfordert, daß jeder Beteiligte seinen spezifischen Beitrag zur Bewältigung leistet. Welche Form die Schrittabfolge annimmt, welches ‚*Sequenzmuster*' entsteht, hängt von der zu bewältigenden Aufgabe ab.

Die Analyse von Sequenzmustern setzt an den einzelnen ‚*Musterpositionen*', aus denen es sich bildet, an. Die Musterpositionen werden von Beitragstypen eingenommen, die in festgelegter Weise aufeinander folgen, jeweils spezifische Handlungs-, Inhalts- o.a. Eigenschaften aufweisen und zumeist nur von Interaktanten, die eine bestimmte Beteiligungsrolle innehaben, realisiert werden können bzw. dürfen. Ein einfaches Beispiel ist das aus der Schule bekannte Prüfungsmuster: Lehrerin fragt – Schülerin antwortet – Lehrerin beurteilt die Antwort (Sinclair/Coulthard 1975). Für die meisten Sequenzmuster, mit denen Interaktionsaufgaben bearbeitet werden, ist eine Drei-Phasen-Gliederung charakteristisch (Kallmeyer 1981). Sie beginnen mit einer Eröffnungsphase, in der die Aktivität angekündigt und von den Beteiligten ratifiziert wird, es folgt der Durchführungskern, in dem die eigentliche Aktivität vollzogen wird, und sie schließen mit einer Beendigungsphase ab.[17] Diese drei Phasen sind ihrerseits intern gegliedert.

So kann die Abschlußphase einer Diskussion aus folgenden Schritten bestehen: Der Moderator fragt zunächst, ob noch Fragen offen sind; wird dies von den Diskutanten verneint, gilt das als Ratifikation der Beendigung des Aktivitätskerns der Diskussion, und der Moderator kann die Diskussionsergebnisse zusammenfassen, einen Ausblick in die Zukunft geben etc. und schließlich nach dem Dank an Teilnehmer und Zuhörer zur Verabschiedung übergehen.

Sowohl Beginn und Abschluß der Bearbeitung einer Interaktionsaufgabe als auch der Übergang von einem Teilschritt innerhalb eines Sequenzmusters zum nächsten werden oft durch ‚*Grenzmarkierungen*' (‚*boundary markers*', Saville-Troike 1989, 135f.) angezeigt. Dies können explizite Formulierungen („wir kommen jetzt zum ersten Punkt") oder ‚*Diskursmarker*' (‚*discourse markers*', Schiffrin 1987) sein. Sequenzmuster können sehr komplexe Formen annehmen, wie die in 6.1. diskutierten Erzähl- und Handlungsschemata. Die in Abschnitt IV vorgestellten Prinzipien der *konditionellen Relevanz* und der *Präferenzorganisation* führen zu paarig aufeinander folgenden Beiträgen, die die Grundbausteine für Sequenzmuster bilden. Sequenzmuster sind in den allermeisten Fällen nicht als Erzeugungsvorschriften zu verstehen.[18] Sie werden Schritt für Schritt von den Beteiligten bei der Bewältigung von jeweils momentan („lokal") relevanten Anforderungen erzeugt, die ihrerseits für die Bewältigung übergreifender Interaktionsaufgaben und -zwecke grundlegend sein können. So bestehen Sequenzmuster zwar aus erwartbaren Routinen; sie können aber flexibel gehandhabt werden und lassen Raum für die Anpassung an die Bedingungen des jeweiligen Gesprächs und an die individuellen Ziele und Relevanzen der Beteiligten. Eine Kernaktivität (Bsp.: A lädt B zu einer Feier ein), die aus einer einfachen Paarsequenz besteht (im Bsp.: A spricht Einladung aus – B nimmt Einladung an oder schlägt sie aus), kann durch mehrere Sequenztypen erweitert werden, die jeweils unterschiedliche Funktionen haben und auf unterschiedliche Gegebenheiten antworten:

- *Präsequenzen* (*pre-sequences*, Schegloff 1980) gehen der Kernaktivität voraus; sie dienen meist dazu, Handlungsvoraussetzungen für die Kern-

---

17 Diese Drei-Phasen-Struktur gilt für Gespräche ganz allgemein (Schegloff/Sacks 1973).
18 Ausnahmen sind hochgradig ritualisierte institutionelle Interaktionen wie Gottesdienste oder Gerichtsverhandlungen.

aktivität abzuklären, Hindernisse zu sondieren etc. und somit entweder den Boden für die Kernaktivität zu bereiten oder aber dafür zu sorgen, daß sie ohne Gesichtsverlust unterlassen werden kann (im Bsp.: A fragt, was B am betreffenden Abend vorhat, bevor A die Einladung ausspricht);
- *Postsequenzen* folgen der Kernaktivität; sie bestehen oft aus Würdigungen und Bestätigungen („Sehr schön", „Dann sehen wir uns also..."), in problematischen Fällen kann es zu *Reparatursequenzen* (6.5.) kommen, in denen Korrekturen an der Kernsequenz vorgenommen werden (im Bsp.: schlägt B die Einladung mit der Begründung aus, er habe einen anderen Termin, korrigiert A die Einladung: „Du kannst auch später kommen");
- *Einschubsequenzen* (*insertion sequences*, Schegloff 1972) sind in die Kernaktivität eingelagert; wenn diese aus einer Paarsequenz besteht, wird der Einschub vom Adressaten des ersten Teils der Paarsequenz initiiert (im Bsp.: A spricht Einladung aus – B fragt nach der genauen Uhrzeit); in diesem Fall schafft der Einschub selbst eine konditionelle Relevanz, die erst eingelöst werden muß (A nennt die Uhrzeit), bevor dann auch die konditionelle Relevanz der Kernaktivität erfüllt werden kann (B nimmt Einladung an oder schlägt sie aus);
- *Nebensequenzen* (*side sequences*, Jefferson 1972) sind Aktivitäten, die die Kernaktivität unterbrechen und die die Gesprächsteilnehmer so rahmen, daß sie für die Kernaktivität irrelevant seien.

Bei der Untersuchung von Sequenzmustern kann gefragt werden, welche Interaktionsaufgaben mit welchen Aktivitätsschritten bearbeitet werden und welche Beiträge einzelne Teilnehmer dazu leisten. Umgekehrt kann erforscht werden, wie Funktionen und Realisierungsformen eines fokalen Elements davon abhängen, an welcher Position es in Sequenzmustern eingesetzt wird.

Jacobs/Jackson (1989, 156ff.) zeigen, daß argumentative Fragen und Behauptungen in Präsequenzen vor einer Kernaktivität dazu dienen, die Erfolgschancen der Kernaktivität abzuschätzen, den Adressaten vorab zu verpflichten oder die folgende Kernaktivität zu rechtfertigen. In Postsequenzen wird mit argumentativen Fragen und Behauptungen auf erfolglos gebliebenen Kerninitiativen insistiert, oder es werden Begründungen für Zurückweisungen erfragt.

Während die Sequenzmuster-Betrachtung sich für die Abfolge und den Zusammenhang einzelner Beitragspositionen interessiert, steht bei der Untersuchung von *Makroprozessen* die Herausbildung übergreifender Interaktionszusammenhänge im Vordergrund. Viele makroskopische Gesprächsstrukturen sind nur unzureichend oder gar nicht in Termini von Sequenzmustern zu beschreiben, sondern nur durch *dynamische Prinzipien*, die dem Interaktionsprozeß nach und nach bestimmte Qualitäten verleihen. Beispiele dafür wären: ein Streit eskaliert zunehmend, eine Position wird abgeschottet, eine Diskussion tritt auf der Stelle (Nothdurft 1998; Spranz-Fogasy/Fleischmann 1993). Typisch für solche Prozesse ist, daß sie weniger durch die Summe oder Abfolge einzelner Merkmale oder Handlungen bestimmt sind, als vielmehr durch die sukzessive Ausbildung eines Handlungszusammenhangs, der dann retrospektiv wie prospektiv die Interpretation und das weitere Handeln anleitet und sich selbst reproduziert (Spranz-Fogasy 1997, 143ff.). Zu fragen ist hier deshalb vor allem nach *rekursiven Regeln*, die als Prinzipien der Ausbildung, Vereindeutigung und Fortschreibung einer Struktur im Verlauf des Interaktionsprozesses bestimmt werden können.[19]

Spranz-Fogasy (1997) rekonstruiert ausführlich Stufen und Muster makroprozessualer Strukturbildung am Beispiel von ‚Interaktionsprofilen'. Dies sind Typen der individuellen Beteiligungsweise einzelner Interaktanten, die sich im Verlauf eines Gesprächs durch die Aktivitäten aller Beteiligter nach und nach herausbilden und schließlich zum dynamischen Prinzip werden, nach dem die Beteiligungsweise des einzelnen gestaltet und interpretiert wird.

→ **Fragen zu Sequenzmustern**
- Wann beginnt, wann endet ein Aktivitätskomplex? (Wie) werden die Grenzen zu vorangehenden und folgenden Aktivitäten markiert?
- Mit welchen Teilaktivitäten wird eine Interaktionsaufgabe bearbeitet, was tragen sie zur Aufgabenbewältigung bei? Bilden sie ein Sequenzmuster, aus welchen Positionen besteht es, und wie hängen diese zusammen?
- Von wem werden die einzelnen Positionen realisiert? Welche Vorausetzungen müssen die Sprecher dazu erfüllen? Welche Beteiligungsrechte und -pflichten haben die Gesprächsteilnehmer? Wer initiiert Aktivitätskomplexe? Wer bestimmt, welche Schritte zu vollziehen sind und ob Abweichungen stattfinden (können)? Werden Aktivitätsphasen einseitig oder kooperativ (etwa durch Ratifikationen) getragen?
- Wie starr oder flexibel ist das Muster? Gibt es Prä-, Post-, Einschub- oder Nebensequenzen? Welche Funktionen haben sie? Wer initiiert sie?
- Wenn ein fokales Element an verschiedenen Musterpositionen untersucht wird: In welchen Positionen kommt es vor? Wie wird es jeweils realisiert? Welche Funktion hat es jeweils?

→ **Fragen zu Makroprozessen**
- Bildet sich im Gesprächsverlauf eine makroprozessuale Gestalt heraus?
- Welches dynamische Prinzip liegt der makroprozessualen Entwicklung zugrunde? Läßt es sich als rekursive Erzeugungsregel formulieren?
- Wo setzt die Prozeßdynamik ein, wo endet sie? Über welche Stufen verläuft sie? Gibt es Schübe, Entscheidungs- und Wendepunkte des Prozesses?

---

19 ‚Rekursiv' sind solche Regeln, die auf die Produkte (hier: Interaktionsbeiträge) der Operationen angewendet werden, die selbst nach der betreffenden Regel erzeugt wurden. So eskaliert ein Streit z.B., wenn die Kontrahenten folgende rekursive Regel anwenden: „Durchsetzungsversuche der Gegnerin werden mit verschärften eigenen Durchsetzungsversuchen beantwortet" (vgl. Deppermann 1997a, 374ff.). Rekursive Regeln stehen sowohl für die Theorie autopoietischer Systeme (Luhmann 1997; Maturana 1982) als auch für die objektive Hermeneutik (Oevermann et al. 1979) im Zentrum der Rekonstruktion von Interaktionsereignissen, da sie für die Identität von Interaktionssystemen ausschlaggebend seien. Das Verhältnis der Konversationsanalyse zu diesen Auffassungen kann hier nicht diskutiert werden, s. aber Hausendorf (1992); Schneider (1994 und 1997).

6.3 Analyseziele: Das ‚Wie' und das ‚Wozu' von Gesprächspraktiken

Auf der Grundlage einer noch offenen Ausgangsfragestellung (2.2.) sollten zunächst in der intensiven Sequenzanalyse von wenigen Gesprächsabschnitten (6.2.) möglichst viele Interpretationen entwickelt, unterschiedliche Konzepte getestet und verschiedene analytische Zugänge erprobt werden. Schrittweise können ausgewählte Gesprächspraktiken abgegrenzt werden, die dann fallübergreifend zu untersuchen sind (6.5.). *Gesprächspraktiken* können mikroskopisch (wie prosodische Verfahren) oder makroskopisch (wie gesprächsübergreifende Handlungsschemata) sein. Sie haben eine *prozedurale ‚Wie'*-Seite und eine *funktionale ‚Wozu'*-Seite, die in einem systematischen Verhältnis zueinander stehen: Sie sind Gesprächs-Methoden zur Bearbeitung bestimmter Gesprächs-Probleme bzw. -Aufgaben. Eine Gesprächspraktik ist also nicht etwa schon durch eine (z.B. linguistische) Kategorisierung einzelner Merkmale bestimmt, sondern es muß ein systematischer Zusammenhang zwischen *konstitutiven Ressourcen* – dem ‚*Wie'* – und *pragmatischen Aufgaben* – dem ‚*Wozu'* – ausgewiesen werden.[20] Beide Seiten werden nun näher erläutert.

I Das ‚Wie': Konstitutive Ressourcen

Bei der Gesprächsanalyse interessiert, wie Gesprächsteilnehmer interaktiv relevante Realität *konstituieren*. Zu dieser Realität können Intentionen, Wissensbestände, emotionale Befindlichkeiten, situative, biographische oder soziale Bedingungen, Machtverhältnisse und vieles mehr gehören. Dies alles ist nicht einfach „da". Die Wirklichkeit, die für das Gespräch relevant ist, entsteht erst durch die gestaltenden Handlungen der Gesprächsteilnehmer. Gegenstand der Gesprächsanalyse sind die Gesprächspraktiken, mit denen solche Dimensionen von Wirklichkeit und – allgemeiner gesprochen – Bedeutung und Ordnung im Gespräch hergestellt werden. Gesprächsteilnehmer agieren innerhalb eines *Potentials* von Gestaltungsmöglichkeiten und verwirklichen manche davon durch den systematischen und weitenteils *routinemäßigen* Einsatz *kommunikativer Ressourcen*. Diese Ressourcen sind *Methoden zur Lösung bestimmter Probleme* (s. II), und Gesprächsprozesse werden entsprechend als *methodische Hervorbringungen* (‚*accomplishments'*, Garfinkel 1967) verstanden. Die gesprächsanalytische Rekonstruktion von Gesprächspraktiken fragt daher zunächst, *wie* die Beteiligten ihren Austausch *methodisch* gestalten und dabei bestimmte Probleme interaktiv, durch die

---

20 Siehe dazu auch Hausendorf/Quasthoff (1996, 128ff.), die zwischen „Jobs" (hier: ‚pragmatischen Aufgaben') und aktionalen „Mitteln" sowie linguistischen „Formen" (hier zusammengefaßt als ‚konstitutive Ressourcen') unterscheiden.

Kollaboration der Beteiligten lösen. Statt Gesprächsverläufe durch gesprächsexterne (bspw. soziale) Bedingungen zu erklären, wird untersucht, wie im Gespräch selbst Wirklichkeit als *‚Vollzugswirklichkeit'* (Bergmann 1988, 52ff.) hergestellt wird (*‚doing* (institution, gender etc.)').

Exemplarisch bewährt sich dieser Ansatz bei der Untersuchung institutioneller Kommunikation. Statt bspw. Ereignisse in Arzt-Patient-Gesprächen dadurch zu erklären, daß bestimmte Rahmenbedingungen, Rollenanforderungen etc. bestehen, die das Gespräch regulieren, kann gezeigt werden, wann, wodurch und wieso Beteiligte an einem Gespräch *als* Arzt und Patient handeln, wie sie institutionelle Aufgaben bearbeiten, wann sie dies aber gerade nicht tun und wie diese „Abweichung" mit dem Handeln in medizinischer Kommunikation funktional verbunden ist (Drew/Sorjonen 1997; Heritage 1997).

> ➔ **Darstellung einer Gesprächspraktik**
>
> Die Darstellung einer Gesprächspraktik umfaßt grundsätzlich alle Sachverhalte, die für ihre Identität, ihren Vollzug, ihre Interpretation und ihre Funktionsweise maßgeblich sind. Prinzipiell können dies alle Gesichtspunkte der sequentiellen Analyse (6.2.), aber auch Aspekte der fallübergreifenden Analyse (6.5.) sein. In nahezu jedem Fall wird Folgendes dazu gehören:
> - die *konstitutiven (Realisierungs-)Formen* der Gesprächspraktik: das Spektrum linguistischer Formen und/oder Handlungstypen, die als Bausteine der Gesprächspraktik fungieren können;
> - ihre *binnenstrukturelle Dynamik*: die (interne) Abfolge konstitutiver Bausteine;[21]
> - ihre *Anwendungsstruktur*: interaktionale Anlässe und das Funktionspotential der Gesprächspraktik zur Bewältigung interaktiver Aufgaben;
> - ihre *prozeduralen Eigenschaften*: Explikation der (Erzeugungs-)Regeln bzw. Orientierungsprinzipien, nach denen die Gesprächspraktik organisiert ist;
> - die *interpretativen Leistungen*, die notwendig sind, um Gesprächsereignisse so zu verstehen, daß sich die Interaktanten im konkreten Fall an der Gesprächspraktik und ihren Regeln orientieren;
> - der *Bereich*, in dem die Gesprächspraktik eingesetzt wird (2.1. und 6.5.).

II Das ‚Wozu': Pragmatische Aufgaben, Probleme und Funktionen

Bereits in 5.1. wurde ausgeführt, daß die Gesprächsanalyse jedes Detail des Gesprächsgeschehens als *sinnvoll motiviert* behandelt. Grundlegend für die Interpretation *jedes* Merkmals des Gesprächshandelns ist die Frage, die sich auch die Interaktanten selbst stellen, wenn sie das Geschehen zu verstehen versuchen: „Why that now?" (Sacks 1972; Bilmes 1985) Die Ordnung des Gesprächs wird damit als Resultat methodischer Anstrengungen zur Bewältigung von Aufgaben und Problemen begriffen, die sich den Interaktanten im Lauf ihres Austauschs stellen. Mit der Oberflächengestalt des Gesprächs haben wir also gewissermaßen eine Lösung vor uns, und die Frage ist, welche

---

21 Zur Unterscheidung von Binnen- und Anwendungsstruktur s. Kallmeyer/Schütze (1977) und Bergmann/Luckmann (1995).

Probleme da gelöst – oder wenigstens bearbeitet – wurden. Ist dies geklärt, wäre auch verstanden, *wozu* die einzelnen Gesprächspraktiken eingesetzt werden. Diese ‚*Probleme*' sind zumeist „unproblematische Probleme" (Bergmann 1981, 22), weil sie größtenteils routinemäßig, mit eingespielten Praktiken gelöst werden und so den Interaktanten gar nicht erst als Problem bewußt werden. Sie gewinnen diese Qualität erst unter dem analytischen Brennglas, das zeigt, daß es sich um *Interaktionsaufgaben* handelt, die bewältigt werden müssen, wenn bestimmte Handlungen ausgeführt und Zwecke verfolgt werden sollen, ohne daß dabei Mißverständnisse, Konflikte oder Anomie entstehen. Ein solches zumeist unproblematisches Problem ist z.B. die Frage, wann wer spricht. ‚Problem' steht also, über seine Alltagsbedeutung hinausreichend, für alle *Aufgaben, Funktionen, Zwecke* und *Ziele*, an denen die Interaktanten die Gestaltung ihrer Gesprächsbeiträge ausrichten. Diese können von hochgradig formalen und momentanen Organisationaufgaben (wie der Regelung des Sprecherwechsels) bis hin zu übergreifenden gemeinsamen Gesprächszwecken (etwa einer Tarifverhandlung) reichen. Die Frage nach der Funktion von Gesprächspraktiken kann in manchen Fällen also auch durch *Teil-Ganzes-Erklärungen* beantwortet werden: Die Funktion einer Gesprächspraktik kann in dem Beitrag liegen, den sie zur Bearbeitung einer übergeordneten Aufgabe oder zur Entstehung eines übergreifenden Gesprächszusammenhangs leistet. Viele funktionale bzw. problemtheoretische Erklärungen sind ‚*Indem-Erklärungen*': Indem eine Gesprächspraktik vollzogen wird, wird ein bestimmtes Problem bearbeitet. Probleme können „gegeben" sein in dem Sinne, daß die Gesprächsbeteiligten es gar nicht vermeiden können, sich mit ihnen zu befassen (wie z.B. beim ‚*recipient design*', also der Aufgabe, Beiträge adressatenspezifisch zuzuschneiden). Sie können aber auch nur von einzelnen Interaktanten angesetzt werden (wenn sie z.B. von unterschiedlichen Situationsdefinitionen ausgehen) oder, wie z.B. im Kontext rhetorischen Handelns (Kallmeyer 1996), als individuelle Ziele veranschlagt werden, so etwa, wenn es darum geht, einen Gegner unter Druck zu setzen (Kallmeyer/Schmitt 1996). Ein Gespräch zu verstehen bedeutet zu rekonstruieren, mit welchen Problemen sich die Interaktanten beschäftigen. Präziser formuliert: Die sequentielle Ordnung des Gesprächs, das ‚Wie' ist als Resultat des Einsatzes von Gesprächspraktiken verständlich zu machen, mit denen die Interaktanten pragmatische Probleme systematisch bearbeiten. Gesprächspraktiken haben dabei in Hinblick auf Interaktionsprobleme *Funktionspotentiale*: Sie sind meistens nicht nur für ein spezifisches Problem einzusetzen, sondern können *Leistungen* für unterschiedliche Aufgaben und Zwecke erbringen. Umgekehrt haben die meisten Gesprächspraktiken aber auch gewisse *Gefahren*: Sie eröffnen die Möglichkeit neuer Probleme, die ihrerseits wieder interaktiv bearbeitet werden müssen.

Zusammenfassungen in Konfliktgesprächen sind ein gutes Beispiel für den Zusammenhang zwischen Interaktionsproblemen, den Funktionspotentialen von Gesprächspraktiken und den Gefahren, die sie schaffen (Deppermann/Spranz-Fogasy 1998). Zusammenfassungen (= Gesprächspraktik) sind einerseits notwendig, da nur so die zunehmende Komplexität (= Problem) von unterschiedlichen Darstellungen, Beurteilungsgesichtspunkten und Ansprüchen der Streitparteien gehandhabt und eine Lösung gefunden werden kann (= Funktionspotentiale). Andererseits bietet jede Zusammenfassung Angriffsflächen: Sie kann zurückgewiesen werden, weil sie verfälsche, einseitig sei oder gerade das Wichtigste nicht beinhalte (= Gefahren).

Gesprächsanalytische Erklärungen sind *funktionale bzw. problemtheoretische Erklärungen*: Gesprächspraktiken werden durch ihr Potential für die Probleme, Funktionen, Zwecke etc., in bezug auf die sie systematisch eingesetzt werden, erklärt. Oft wird behauptet, Gesprächsanalyse könne allenfalls explizieren, *wie* bestimmte Gesprächsaktivitäten vollzogen werden, habe aber keine Erklärungen anzubieten. Diese Behauptung verkennt den besonderen Erklärungstypus konversationsanalytischer Erklärungen. Es handelt sich um *anti-reduktionistische Erklärungen*: Interaktive Ereignisse werden nicht reduktionistisch durch „verborgene", „eigentlichere" Wirklichkeiten (Persönlichkeitsstrukturen, Motive, Kognitionen oder sozialstrukturelle Gegebenheiten) erklärt, sondern durch *bereichseigene*, interaktionale Größen. Interaktive Praktiken werden durch interaktive Probleme erklärt, das Explanans gehört also zur gleichen ontologischen Domäne wie das Explanandum.[22]

Zur Analyse jeder Gesprächspraktik gehört die Rekonstruktion ihres *Funktionspotentials*, da sonst weder die faktische Gesprächsordnung zu verstehen ist noch die Details der Praktik zu erklären sind. Die Gesichtspunkte der sequentiellen Einzelfallanalyse (6.2.) sind daher *immer* auch in Hinblick auf ihre Funktion zu untersuchen und nie nur als deskriptive Beschreibungsaspekte zu behandeln. Zu fragen ist, welche Funktion es z.B. hat, daß an einen bestimmten Kontext angeknüpft wird, welche Funktion den linguistischen Merkmalen einer Äußerung zukommen können, wozu das Timing eines Beitragsanschlusses dienen kann usw. Nur mit dieser *funktionalen Betrachtungsweise* kann z.B. festgestellt werden, daß oberflächlich gleiche Aktivitäten (wie z.B. argumentative Fragen und Behauptungen, 6.2., VII) je nach Position Unterschiedliches leisten. Da Funktionen zwar an vergangenen oder vorliegenden Interaktionsbedingungen ansetzen können, sich aber immer auf einen künftigen Interaktionszustand richten, sind für die Analyse der Funktionen von Gesprächspraktiken die *interaktiven Konsequenzen* (6.2., VI) besonders wichtig. An ihnen zeigen sich am deutlichsten und in empirischer Weise die Leistungen und Gefahren, die von einer Aktivität ausgehen.

Die Suche nach funktionalen Erklärungen ist eine Art des *verstehenden* Zugangs zu Gesprächen und unterscheidet sich darin von Ansätzen kritischer

---

22 Dies schließt natürlich nicht aus, daß interaktive Probleme, Aufgaben und Ziele ihrerseits von gesprächstranszendierenden Rahmenbedingungen abhängen. Diese sind aber nur dann für die Gesprächsanalyse interessant, wenn aufgewiesen werden kann, daß sie sich in spezifischen Gesprächsproblemen, -aufgaben oder -zielen niederschlagen (s.a. 6.4., I). Weitere Überlegungen zur Erweiterung gesprächsanalytischer Wie-Explikationen durch Warum-Erklärungen entwickeln Silverman/Gubrium (1994).

Diskursanalyse. Statt zunächst unverständliche oder manipulativ erscheinende Beiträge an vorausgesetzten Normen von Angemessenheit oder Zweckrationalität zu messen, muß versucht werden, ihre Systematik und ihre mögliche Funktion zu rekonstruieren. Den Interaktanten ist also so lange wie möglich zu unterstellen, daß sie methodisch und mit guten Gründen handeln. Die Systematik ihres Tuns ist jedoch zu entdecken – sie wird sich häufig nicht mit unseren Normen, Erwartungen und Prinzipien decken. Diese Analysehaltung der *ethnomethodologischen Indifferenz* (Garfinkel/Sacks 1976) verbindet also einen technischen Blick mit dem *hermeneutischen* Anliegen, unter Verzicht auf Beurteilungen die Regeln interaktiver Sinnbildung zu rekonstruieren. Gefragt wird daher nach den Situationen oder Anforderungen, auf die vorliegende Gesprächshandlungen eine angemessene Antwort sein könnten, es werden Zusammenhänge von Beiträgen eruiert, die einander wechselseitig erhellen können; bei Lücken und Brüchen wird nach Gesprächsmerkmalen gesucht, die sie verständlich machen können; etc.

Die funktionale Analyse ist keine *Intentionsanalyse*. Im Alltag unterstellen wir, daß mit Äußerungen etwas gemeint und beabsichtigt wird: Die Bedeutung einer Äußerung werde von der Intention bestimmt, die wir dem Sprecher zuschreiben (z.B. seine Meinung kundzugeben, zu belehren oder zu helfen). Unser Vokabular von Handlungsbeschreibungen ist unvermeidlich intentionalistisch, da immer eine Absicht von Sprechern impliziert wird. Als Gesprächsanalytiker sollten wir uns aber nicht auf die Suche nach inneren Zuständen" der Betreffenden machen, da wir Sprechern nicht „in den Kopf schauen" können und da vor allem nicht die Intentionen der Beteiligten, sondern die Konsequenzen der Gesprächspraktiken für den Interaktionsprozeß ausschlaggebend sind (Coulter 1989; Heritage 1990/91). Unter dieser Perspektive interessiert nicht, ob jemand etwas (bewußt oder unbewußt) intendiert hat oder ob er nur routinehalber oder gar versehentlich reagiert hat, sondern die Handlungsbeschreibung setzt am Funktionspotential der untersuchten Praktik an – wozu sie eingesetzt werden kann.

Beispielsweise wäre es bei der Untersuchung von ‚Beleidigungen' nicht entscheidend, ob ein Sprecher beabsichtigte, seinen Adressaten zu beleidigen. Zu untersuchen wäre vielmehr, welche Eigenschaften Äußerungen haben, die (unter bestimmten Interaktionsbedingungen) als ‚Beleidigungen' verstanden werden können, und welche Interpretationsregeln für ‚Beleidigungen' in einer bestimmten Kommunikationsgemeinschaft gelten.

Die auch in der Konversationsanalyse häufig anzutreffende *mentalistische Ausdrucksweise* (z.B. „die Gesprächsteilnehmer orientieren sich am Prinzip XY") scheint mir kein Problem zu sein, solange die Zuschreibungen mit Gesprächsmerkmalen verknüpft und als funktionale Erklärungen verstanden werden.[23] Sie sind erkenntnisträchtig, wenn mit ihnen eine Systematik des

---

23 Mentalistische Zuschreibungen sind also als konditionale Zuschreibungen zu verstehen, mit denen ein funktionaler Zusammenhang expliziert wird: „Wenn eine Sprecherin die Intention X hätte, das Ziel Y zu erreichen, wäre dazu die Gesprächspraktik Z geeignet."

Gesprächs entdeckt wird, die Phänomene in einen konsistenten Zusammenhang setzt, die sonst zusammenhanglos oder unmotiviert erscheinen.

> ➜ **Fragen zur funktionalen und problemtheoretischen Analyse**
>
> Grundsätzlich muß jede sequenzanalytisch festzustellende Eigenschaft eines fokalen Elements (s. 6.2.) funktional analysiert werden! Funktionale Hypothesen sind dann insbesondere an den Interaktionskonsequenzen zu prüfen.
> - Warum und wozu wird gerade in diesem Moment diese Äußerung in dieser Art und Weise gemacht?
> - Welche Gründe, Motive und Ziele können Anlaß dazu geben, dieses fokale Element an dieser Stelle zu produzieren?
> - Zur Lösung welcher (momentaner oder übergeordneter) Aufgaben oder Probleme kann dieses Element dienen oder beitragen?
> - Welche Funktionen können sich mit diesem Element verbinden?
> - Was leistet die getroffene Wahl? Was ist ihr besonderer Nutzen oder Vorteil gegenüber anderen?
> - Was sind Gefahren und mögliche Folgeprobleme?

6.4 Analyseressourcen: Hintergrundwissen und Variationsverfahren

Die Gesprächsanalyse legt größten Wert darauf, ihre Aussagen in empirischen Daten zu fundieren. Dazu dienen sowohl die Verfahren des Datengewinns (3.-5.) als auch die Prozeduren der sequentiellen und der fallübergreifenden Analyse (6.2. und 6.5.). Für empirische Erkenntnis reichen aber sinnliche Anschauung und formale Prozeduren allein nicht aus; erforderlich ist zudem inhaltliches Wissen verschiedener Art, das es erst ermöglicht, Kategorien und Interpretationen zu bilden und den Sinn von Gesprächsaktivitäten zu explizieren. Ein wesentliches, wissensgestütztes Hilfsmittel sind Variationsverfahren. Die Notwendigkeit von Hintergrundwissen im Prozeß der Gesprächsanalyse ist aber paradox: Es ist unerläßlich und zugleich in seiner Gültigkeit radikal infrage zu stellen.

I Das Wissensparadox: Methodische Fremdheit und notwendiges Hintergrundwissen

Über welches Hintergrundwissen man verfügen muß, um gute Interpretationen zu entwickeln, und nach welchen Kriterien dieses Wissen einzusetzen ist, sind zwei der wichtigsten Fragen, die sich für gesprächsanalytische Auswertungen stellen. Sie sind zugleich zwei der schwierigsten, da das Grundproblem in einem *‚Wissensparadox'* besteht: Der Gesprächsanalytiker muß über alles Mögliche Bescheid wissen und soll doch zugleich der Sicherheit und Relevanz dieses Wissens für die Gesprächsanalyse mißtrauen. Sofern die Konversationsanalyse die Frage nach der Rolle von Hintergrundwissen behandelt, bleiben ihre Antworten m.E. aber sehr unbefriedigend, da sie nur die zweite, nicht aber die erste Seite des Wissensparadoxes sieht. Zunächst werde ich die konversationsanalytische Position, die zum Verzicht auf Hintergrundwissen auffordert, darstellen und sie dann um Überlegungen zu dessen Notwendigkeit und Einsatzmöglichkeiten erweitern.

Konversationsanalytiker fordern, daß das Wissen, das zum Verständnis von Gesprächsprozessen notwendig ist, selbst zum Untersuchungsgegenstand (,topic') gehört, der zu erforschen und zu explizieren ist, und nicht einfach als stillschweigend vorauszusetzendes Vorwissen (,resource') in die Analyse einzubringen ist (Zimmerman/Pollner 1976). Der Grund liegt darin, daß das Wissen selbst den Kern der sozialen Handlungs- und Interpretationskompetenzen ausmacht, die untersucht werden sollen. In den Sozialwissenschaften wird dies üblicherweise verkannt, und die Wissenschaftler betrachten statt dessen soziale Wirklichkeit durch die Brille ihrer Konzepte und Annahmen. Sie übersehen dabei das Problem der *Gegenstandskonstitution*: Soziale Sachverhalte (wie Gesprächspraktiken, aber auch z.B. Identität, Notwehr vs. Mord) sind sinnstrukturiert und existieren als solche nur durch die Art und Weise, wie Gesellschaftsmitglieder sie erzeugen und interpretieren. Will man sie untersuchen, besteht also der erste Schritt in der Rekonstruktion der Regeln, nach denen Gesellschaftsmitglieder soziale Sachverhalte konstituieren. Die Konversationsanalyse geht – wie bereits ausgeführt – davon aus, daß dies möglich ist, weil im Gespräch Sinn und Ordnung „öffentlich" hergestellt, da von den Beteiligten einander aufgezeigt werden. Diese Aufzeigehandlungen stehen dem Gesprächsanalytiker offen, und er kann so die notwendigen Wissensbestände *bottom-up*, also auf die Daten gestützt erschließen.

Diese radikale Empirie, die so materialgestützt wie möglich vorgeht, soll zum einen durch die detaillierte, extensive Mikroanalyse von natürlichen, also nicht eigens für Forschungszwecke erzeugten Daten erreicht werden. Zum anderen muß der Forscher eine Haltung der *methodischen Fremdheit* entwickeln, bei der die Selbstverständlichkeit des Immer-Schon-Verstanden-Habens der Alltagsphänomene, mit denen man sich beschäftigt, ebenso *eingeklammert*[24] wird wie das praktische Interesse und die Bewertungen, die wir normalerweise mit den Ereignissen verbinden. Es geht um die Erkenntnis des Bekannten (Bergmann 1987, 1ff.), das dazu einem *technischen Blick* unterworfen wird, der gerade das Triviale und scheinbar Klare als rätselhaft und befragenswert behandelt. Nur dadurch kann die Struktur der „unproblematischen Probleme" (6.3.) und Routinen freigelegt werden, die so selbstverständlich geworden sind, daß sie im Alltag nur von denen analysiert werden,

---

24 Der Begriff der ‚Einklammerung' stammt aus der Phänomenologie Husserls (1922, z.B. 53), der seinerseits auf den Cartesianischen Zweifel als Erkenntnisprinzip zurückgreift.

die sie (noch) nicht beherrschen (Kinder, Kulturfremde, Verrückte; s. Schwartz 1976). Die Konversationsanalyse verzichtet also – wie viele andere Richtungen qualitativer Sozialforschung – darauf, Ex-ante-Hypothesen aufzustellen und Untersuchungspläne festzulegen, wie dies Standards der deduktiv-nomologischen Wissenschaftstheorie fordern (Stegmüller 1983). Sie verlangt stattdessen, sich mit maximaler *Offenheit* auf das Untersuchungsfeld einzulassen und die Hypothesen und Leitkonzepte in der empirischen Analyse selbst zu entwickeln (vgl. Flick 1995; Strauss 1991). Zu dieser Offenheit gehört es, keinen Wissensbestand, ganz gleich, ob er einer Theorie, dem Alltagswissen, eigener Erfahrung oder ethnographischer Kenntnis entstammt, als fraglos gültig zugrundezulegen. Stattdessen sind in der Auseinandersetzung mit den Gesprächsdaten möglichst viele, auch zunächst abwegig erscheinende Konzepte und Interpretationen zu entwickeln, die dann sukzessive in der empirischen Arbeit überprüft, präzisiert, modifiziert und differenziert werden.

So wegweisend der konversationsanalytische Anspruch ist, alle analytischen Aussagen in den Daten zu fundieren, so naiv ist die Vorstellung, daß dazu bloßes Hinschauen und -hören ausreiche. Zwar zeigen die Gesprächsteilnehmer einander Interpretationen auf und handeln aus, welche Wissensbestände aktuell für Handeln und Verstehen relevant sind. Doch um ihre Aufzeigeleistungen, ihre Wörter und Gesten, zu verstehen, müssen sie selbst über Hintergrundwissen verfügen, das seinerseits nicht aufgezeigt wird. Gerade reibungslose, routinierte Interaktion zeichnet sich durch ein hohes Maß an abkürzender Implizitheit aus und erfordert daher besonders viel ‚*geteiltes Wissen*' (‚*shared knowledge*', Clark 1992 und 1996).

Besonders eklatante Beispiele für die Notwendigkeit von Hintergrundwissen sind:
- Aufzeigeleistungen, die in so versteckter Form vorliegen, daß sie nur für Eingeweihte zu identifizieren sind; dies gilt schon für die Transkription, wenn etwa ethnographische Kenntnisse notwendig sind, um eine besondere Intonation oder Lautung eines Wortes zu erkennen und differenzierend wiederzugeben;
- Kenntnisse über Personen, Orte, Ereignisse, Medienprodukte etc., auf die referiert wird;
- semantisches Wissen (z.B. fremd-, gruppen- oder fachsprachliche Bedeutungen);
- die Kenntnis von weiteren Aktivitätszusammenhängen, in die ein Gespräch eingebettet ist; z.B. institutionelle Bearbeitungsgänge, die ein Motiv dafür abgeben, daß Agenten der Institution bestimmte Dinge erfragen und Handlungszwecke verfolgen etc., und die ihrerseits die Deutung von Ereignissen vor Ort mitbestimmen (z.B. Fragen, die dazu dienen, die juristische Beurteilung von Vergehen zu klären, differentialdiagnostische Fragen der ärztlichen Anamnese);
- das Verständnis von Anspielungen und Andeutungen, die gemeinsame Kenntnis von Vorgeschichten oder geteilte Bewertungen voraussetzen.

Das Wissen der Interaktanten kann zwar teilweise aus den Interaktionshandlungen erschlossen werden, doch das gelingt nur, wenn man in der Lage ist, einschlägige Sachverhalte, Vorgeschichten, Kontextgesichtspunkte etc., auf die sich dieses Wissen bezieht, überhaupt in Erwägung zu ziehen. Dazu sind

drei Arten von Wissen notwendig: Alltagswissen, ethnographisches Wissen und theoretisches Wissen.
- *Alltagswissen* ist die Basis jedes anderen Wissens und die Voraussetzung für jedes Verstehen. Es umfaßt, „was jedermann weiß", und ist weitenteils implizit: Es steht als Können (vergleichbar dem Fahrradfahren), als ‚knowing how' zur Verfügung; wir können es aber nur zum geringen Teil als ‚knowing that' darstellen (Ryle 1969, Kap.2). Es umfaßt sowohl Weltwissen (über Sachverhalte) als auch Interaktionswissen über Gesprächspraktiken. Dieses Können bildet den Grundstock der Gesprächsanalyse: Es läßt uns Interpretationshypothesen entwickeln, macht auf Abweichungen aufmerksam und ermöglicht es, Vergleiche mit anderen Situationen anzustellen. Im Gegensatz zum Alltag muß dieses Können aber in *ausdrückliche Formulierungen* überführt werden.

  Die Systematik des Alltagswissens muß bei der Gesprächsanalyse reflektiert werden, um es für den Gewinn von analytischen Aussagen zu nutzen: Wie läßt sich ein diffuser Eindruck genau fassen? Woran macht er sich fest? Auf welchem Prinzip beruht das Entstehen des Eindrucks? Welche allgemeineren Regeln von Verstehen und Sprechen setze ich stillschweigend voraus, so daß sich für mich an dieser Stelle diese Interpretation einstellt? Welche stillschweigenden Erwartungen lassen etwas „komisch", „unpassend" oder „raffiniert" erscheinen?

- *Ethnographisches Wissen* ist Wissen über das besondere Milieu, die spezifische Kultur, die Gruppe, evtl. auch die besonderen historischen Kontexte, aus denen das Material der Untersuchung stammt. Im Untersuchungsfeld können völlig andere Gepflogenheiten und Selbstverständlichkeiten herrschen als dem Gesprächsanalytiker vertraut sind. Die Mitglieder der untersuchten Ethnie kennen Ereignisse, institutionelle Prozeduren, Beziehungsgeschichten, Wortverwendungen, Routinen etc., die eine Orientierungsgrundlage für ihren Austausch bilden und ohne deren Kenntnis Gesprächsprozesse in vielen Hinsichten nicht zu verstehen sind, mißverstanden oder nur nur sehr oberflächlich (!) begriffen werden (Koole 1997).[25] Oft müssen daher zusätzliche ethnographische Erhebungsmethoden eingesetzt werden, um analysenotwendiges Hintergrundwissen zu gewinnen. Dazu gehören die *teilnehmende Beobachtung*, bei der Forscher selbst längere Zeit an Ereignissen im Untersuchungsfeld teilhaben, *Dokumentenanalysen* von Medienprodukten, Tagebüchern, institutionellen Aufzeichnungen etc. und *Interviews mit ethnographischen Experten*, vor allem mit den Teilnehmern an den untersuchten Gesprächen (s. 3.). Diese können ggfs. auch bei der Entwicklung und Validierung von Interpretationen konsultiert werden (vgl. Gumperz 1982). Die Beobachtungen und Aussagen, die so gewonnen werden, liefern zusätzli-

---

25 Cicourel (1992) zeigt sehr anschaulich, wie mit jeder Erweiterung von ethnographischem Hintergrundwissen weitere Bedeutungsschichten einer medizinischen Interaktion freigelegt werden können, die ohne diese Expertise verborgen bleiben.

che, oftmals unabdingbare Kenntnisse und auch Korrekturen für die Gesprächsanalyse. Sie sind aber auf keinen Fall umstandslos als gültige Interpretationen oder als fraglos für die Gesprächsanalyse einschlägige Tatsachen zu betrachten. Dies liegt vor allem an den Grenzen der Bewußtheit der Beobachter und Befragten, die auch nur retrospektive, zusammenfassende, theorie- und perspektivgebundene Interpretationen abgeben können, aber keine „fotografischen" Wiedergaben dessen, was im interessierenden Gesprächsmoment faktisch handlungsleitend war (Briggs 1986).

- *Theoretisches Wissen* (z.B. aus Psychologie oder Soziologie) ist nicht als unbezweifelbare Grundlage für Gesprächsanalysen einzusetzen, sondern dient wie die anderen Wissensquellen dazu, Ideen zu liefern, auf potentiell Relevantes aufmerksam zu machen und ein Reservoir von Konzepten und Aussagen zur Bildung von Interpretationen anzubieten. Theorien stellen Modelle bereit, die zur abstrahierenden Verdichtung von Interpretationen zu nutzen sind. Besonders wichtig ist Wissen über vorliegende Erkenntnisse der Gesprächsanalyse. Es liefert empirisch fundierte Kategorien, die ein präzises, reichhaltiges Beschreibungsvokabular anbieten, es eröffnet Analysegesichtspunkte, Fragen und Vorgehensweisen, die sich als wichtig erwiesen haben, und ermöglicht die Vertiefung der eigenen Befunde durch den Vergleich mit anderen Studien (Hutchby/Wooffitt 1998, 120ff.).

Wann ist welches Hintergrundwissen, ganz gleich welcher Herkunft, für die Gesprächsanalyse *relevant* und nach welchen *Kriterien* ist es einzusetzen? Relevant für die Interpretation sind genau jene Wissensbestände und Kontexte, die auch für die Gesprächsteilnehmer im Verlauf ihres Handelns orientierungsrelevant sind, d.h. die in systematischer Weise den Gesprächsverlauf beeinflussen (Prinzip der ‚*procedural consequentiality*', Schegloff 1991 und 1997; s.a. Bilmes 1985). Die Aufgabe des Gesprächsanalytikers besteht darin, genau auszuweisen, *wie* wann welcher Kontext im Verlauf des Gesprächs relevant wird, *woran* das zu erkennen ist und *was* genau den entsprechenden Kontext und Wissensbestand ausmacht.

Wir dürfen nicht vorschnell davon ausgehen, daß Kontextgegebenheiten, die aus Beobachtersicht relevant erscheinen, tatsächlich für das Gespräch leitend sind. Aspekte wie institutionelle Rahmen, Identitäten der Gesprächsteilnehmer oder Aspekte ihrer Vorgeschichte sind keine statischen Gesprächsbedingungen, sondern die Beteiligen machen sie von Fall zu Fall relevant und defokussieren sie dann wieder (6.2., IV). So zeigt sich oft, daß in Gesprächen (phasenweise) andere Situationen hergestellt werden, als nach offizieller Definition zu erwarten wären: Ein Arzt-Patient-Gespräch wird zu einem Plausch zwischen Bekannten, eine freundschaftliche Begegnung zu einem Verhör. Kontextannahmen dürfen daher nie a priori festgeschrieben werden, sondern müssen vom Gespräch selbst aus entwickelt bzw. an ihm plausibilisiert werden.

Da die Aufzeigeleistungen der Interaktanten – zumindest für uns als Analytiker – oft sehr indirekt sind, besteht dieser Nachweis häufig weniger in einem direkten „Ablesen" als in einer argumentativen *Explikation*, wieso Gesprächshandlungen in der behaupteten Weise zu verstehen sind (Deppermann 1997b). Diese Explikation soll sich soweit als möglich auf das Gesprächsmaterial stützen, und sie muß vor allem mit den Details des Gesprächsprozesses *lückenlos* (!) vereinbar sein (7.). Der Prozeß der Auswertung erfordert deshalb viel Geduld und eine *suspensive Analysehaltung*, die auf dem Prinzip der methodischen Fremdheit beruht. Es sind viele verschiedene Konzepte und Interpretationen zu entwickeln und zu erproben, ohne schnell eine Version festzuschreiben. Man muß zu mühseliger Entzifferungsarbeit bereit sein und darf sich erst zufrieden geben, wenn auch kleine, unsinnig oder belanglos erscheinende Details des Gesprächsgeschehens in eine konsistente Ordnung gebracht sind. Die Relevanz von Hintergrundwissen hängt deshalb auch von der Untersuchungsfrage ab. Es ist durchaus möglich, ohne spezifische ethnographische Informationen zu einer zutreffenden Analyse zu gelangen, wenn sie nämlich solche Aspekte des Gesprächs betrifft, die die ethnographischen Besonderheiten nicht tangieren.[26] Die Sammlung von ethnographischem u.a. Wissen ist kein Selbstzweck, sondern muß stets auf ihre Funktionalität für die Gesprächsanalyse befragt werden. Manchmal können die besonderen ethnographischen Details gerade von generelleren Strukturmerkmalen der Interaktion ablenken, die auf andere Kontexte verallgemeinert werden können! Eine reflektierte Verbindung von vielfältigem Wissen mit der Haltung methodischer Fremdheit ist daher die unabdingbare Voraussetzung, um zu sensiblen, reichhaltigen und scharfsinnigen Ideen zu gelangen, die dann am Gesprächsmaterial auszuarbeiten und zu belegen sind.

Hier sind einige häufige Fehler und Schwierigkeiten, die sich beim Einsatz von Vorwissen bei der Gesprächsanalyse einschleichen.

- Die eigene *Intuition* wird *überschätzt*: Man geht von Regeln, Pflichten, Erwartungen etc. aus, die für die Interaktionsteilnehmer nicht gelten. Vorsicht ist hier vor allem bei der Frage nach den Folgeerwartungen (6.2., V) und beim Einsatz von Variationstechniken (6.4., II) geboten: Leicht entsteht der Eindruck, daß Gesprächsteilnehmer aus Dummheit, Strategie etc. von angeblichen Regeln abweichen. In solchen Fällen sind die Regeln zu entdecken, denen sie tatsächlich folgen.
- Man vertritt (implizit) eine Theorie über den Gegenstandsbereich und kann deshalb gewisse Ideen nicht in Erwägung ziehen, da sie selbstverständlich irrelevant zu sein scheinen. Umgekehrt ist man *auf bestimmte (Beschreibungs-)Konzepte fixiert*, die man allerorten in den Daten wiederzuentdecken meint. Interpretationen werden zu schnell eng geführt, und Gesprächspassagen werden nach einigen wenigen Kategorien klassifiziert, anstatt verschiedene Interpretationen zu entwicklen und im Wettbewerb miteinander auszufeilen. Die verwendeten Kategorien müssen fallbezogen genau spezifiziert werden, und man sollte sich fragen, ob sie zu falsifizieren sind: Welche Form müßte das Gespräch annehmen, damit das Konzept als falsch oder irrelevant zu betrachten ist?
- Interpretationen werden nicht am Material entwickelt, sondern *aus Kontext„wissen"*, z.B. über Machtverhältnisse, institutionelle Bedingungen, Identitätsmerkmale *abge-*

---

26 Eine Gesprächsanalyse „ohne Kontextwissen" ist z.B. korrekt, wenn sie mit den Ergebnissen einer Analyse „mit Kontextwissen" vereinbar ist, selbst wenn letztere ein differenziertes Verständnis des Gesprächs erreicht (Schegloff 1992b).

leitet. Statt einer rekonstruktiven Analyse wird nur angebliches Vorwissen verdoppelt.
- Man wählt Gesprächsstellen aus, die mit vorgefaßten Hypothesen übereinstimmen; das Gespräch verkommt so zur *Illustration* von Thesen, die nicht an ihm entwickelt wurden. Typischerweise werden dann solche Stellen übergangen, die nicht mit den vorgefaßten Meinungen zusammenpassen.
- Analysefragen werden durch *„Wissen" über Bedeutung* aus kommunikationsexternen Texten geklärt, ohne genügend die Bedeutung für die Interaktionsteilnehmer zu berücksichtigen. Im Wörterbuch nachzusehen, theoretische Definitionen oder Untersuchungen zu konsultieren kann zwar zu brauchbaren Hypothesen führen – aber nur, wenn sie am Gesprächsverlauf bestätigt werden können.
- *Theoretisches Wissen* sollte nicht zu früh in den Auswertungsprozeß einbezogen werden, da Abstraktheit, Autorität, Abgeschlossenheit und Umfassendheit von Theorien in besonderem Maße das Risiko bergen, daß Gesprächsdaten nur noch bereits bestehenden Konzepten zugeordnet werden. Diffuse Ahnungen und noch unausgearbeitete Hypothesen werden allzu leicht von etablierten Theorien „erschlagen".

➔ **Fragen zu Hintergrund- und Kontextwissen**
- Welche Wissensvoraussetzungen sind notwendig, um zu verstehen, wie die Gesprächsteilnehmer einander interpretieren? Verfügen sie über gleiches Wissen oder gibt es Anzeichen für divergente Interpretationen?
- Welche Merkmale des Gesprächs, welche Konsequenzen zeigen, daß die Gesprächsteilnehmer bestimmte Wissensbestände einsetzen?
- Welche Kontextgegebenheiten sind für das Gespräch relevant, und wie wird das von den Gesprächsteilnehmern verdeutlicht?
- Ist für die Interpretation (in bezug auf die Untersuchungsfrage) ethnographisches Wissen notwendig? Könnte es zu einer Vertiefung oder gar Revision der Analyse führen? Woher wäre dieses Wissen zu beziehen?
- Sind in der gesprächsanalytischen Literatur ähnliche Gesprächspraktiken, Interaktionstypen, Handlungsprobleme etc. dargestellt worden, und können diese Befunde zu einer Vertiefung meiner Untersuchung beitragen?

II Variationsverfahren: Bestimmung des Faktischen durch das Mögliche

In jedem Gesprächsmoment gibt es mehrere Handlungsmöglichkeiten, jeder Sachverhalt kann auf unendlich viele Weisen dargestellt werden, jede Äußerung kann unterschiedlich intoniert werden: Die Gesprächsteilnehmer sind in verschiedensten Hinsichten in der Lage *und* gezwungen, *Relevanzen* zu setzen (*‚principle of relevance'*, Schegloff 1991) und dabei anderes auszuschließen. Die Bedeutung der tatsächlich vollzogenen Handlung ist wesentlich bestimmt durch die *Systematik der Selektion*: Nach welchem Prinzip wählt die Sprecherin gerade diese Alternative aus dem Spielraum von Möglichkeiten, die in diesem Gesprächsmoment bestanden?

Ein gutes Beispiel für die Funktionsweise von Selektions- und Relevanzprinzip gibt Halkowski (1990). Lieutenant Oliver North wurde in der Untersuchung der sog. Iran-Contra-Affäre beschuldigt, geheime Akten vernichtet zu haben, um zu verhindern, daß sie dem Generalstaatsanwalt bei einer angekündigten Durchsuchung in die Hände fallen. North entgegnete, er sei davon ausgegangen, Mr. Meese (der Staatsanwalt) habe sich in seiner Eigenschaft als Freund des Präsidenten in seiner Abteilung umsehen wollen. Indem er auf die Person als „Freund des Präsidenten" und nicht als „Staatsanwalt" referiert, verändert North die Bedeutung der angekündigten Visite: Es handelt sich nicht um einen Akt der Beweissicherung, sondern um eine informelle Konsultation, und der Vorwurf der Anklage wird hinfällig. Zwischen North und der Anklage besteht also weder Dissens über das, was „objektiv" geschehen ist (= Besuch und Aktenvernichtung), noch darüber, ob Mr. Meese Staatsanwalt oder Freund des Präsidenten *ist*. Entscheidend ist, welche Bezeichnung für Mr. Meese im Zusammenhang bei seiner Inspektion der North'schen Abteilung *relevant* ist, da davon abhängt, ob Norths Aktenvernichtung kriminell ist. Dies wird ausgehandelt über die Wahl der Kategorien „Freund" vs. „Staatsanwalt", die unterschiedliche Rechte und Pflichten der Beteiligten (North – Meese) mit sich bringen und damit eine gegensätzliche Bewertung der Aktenvernichtung.

Verschiedenste Beschreibungen eines Sachverhalts können gleichermaßen *wahr* sein, sie setzen unbeschadet dessen aber sehr Unterschiedliches *relevant* (Schegloff 1972); genau diese spezifischen Relevanzsetzungen, die die Gesprächsteilnehmer vornehmen, gilt es zu rekonstruieren. Dies ist umso wichtiger, als von der Wahl einer Bezeichnung sehr weitreichende *Inferenzen* abhängen: Wie Ereignisse zu erklären, zu rechtfertigen und zu bewerten sind, wer wofür verantwortlich ist oder welche Erwartungen an Akteure zu richten sind, wird häufig nicht explizit behauptet, sondern oft wirkungsvoller durch Kategorisierungen und die Beschreibung des Sachverhalts selbst nahegelegt (Potter 1996; Hutchby/Wooffitt 1998, 202ff.). Beschreibungen sind also *rhetorische Ressourcen* (Potter/Wetherell 1994). Die Prinzipien der Selektion und Relevanzsetzung und die Möglichkeiten der rhetorischen Gestaltung werden an Beschreibungen besonders augenfällig, sie gelten aber ganz generell für jede Gesprächspraktik. Sowohl die *konstitutiven Ressourcen* einer Gesprächspraktik als auch ihre *Funktion*, Bedeutung oder Leistung sind dabei aber nicht allein durch die Analyse ihrer positiven, d.h. in Isolation feststellbaren Eigenschaften zu bestimmen. Beides erfordert den *Vergleich* mit *Möglichkeiten*, die *Alternativen* zum vorliegenden Datum darstellen. Erst anhand von *Kontrasten* und *Ähnlichkeiten* mit anderen Aktivitäten können Konstitutiva und Funktionen von Gesprächspraktiken klar herausgearbeitet werden. Grundlage dafür ist das allgemeine semiotische Prinzip der *paradigmatischen Sinnrelationen* (Lyons 1980, Kap.8 und 9), das in folgendem besteht: Die Bedeutung eines Elements bestimmt sich durch sein Verhältnis zu prinzipiell verfügbaren, aktuell aber nicht realisierten alternativen Elementen, die in der gleichen Position einzusetzen wären.[27] Aus diesem paradigmati-

---

27 Ausgegangen wird hier also von einem strukturalistischen Bedeutungskonzept, das jedoch gegenüber den üblichen strukturalistischen Ansätzen zu prozessualisieren und zu pragmatisieren ist. Dies kann hier im einzelnen nicht ausgeführt werden.

schen Verhältnis folgt, daß die Bedeutung eines fokalen Elements sich verändert in Abhängigkeit von den Alternativen, mit denen es verglichen wird. Methodisch bedeutet dies, das Faktische mit dem Möglichen zu vergleichen. Zu erwägen ist, welche Optionen *nicht* gewählt wurden: Worüber wird z.B. nicht gesprochen, wer wird nicht um seine Meinung gefragt, was wird nicht problematisiert? Jeder Vergleich erfordert ein tertium comparationis, eine bestimmte Dimension, hinsichtlich deren verglichen wird. Es geht also nicht darum, beliebige Möglichkeiten gegeneinander zu stellen, sondern *bestimmte Merkmale* des vorliegenden Datums in begründeter Weise zu *variieren* und nach den Konsequenzen dieser Variation zu fragen.

Beispiele für solche Variationsfragen sind:
- Welche Handlungen hätten an dieser Gesprächsstelle anstelle der vorliegenden vollzogen werden können?
- Wie hätte die gleiche Handlung anders vollzogen werden können?
- Wie hätten dargestellte Sachverhalte ebenfalls kategorisiert werden können?
- Wie hätte die vorliegende Äußerung alternativ intoniert werden können?

Um Variationsüberlegungen zu systematisieren, sind strukturalistische Techniken hilfreich: Ersetzungs-, Weglaß-, Ergänzungs- und Umstellprobe.

Gegeben sei die Sequenz (vgl. 5.2, Abb. 3 und 4):
Alex: NU:R was ich fragen wollte is::- (.) coolio ä::h was weiß ich- (.) is=n schwarzer ja; (.) aus amerika ja; (.) un die onkelz sin:;
(-)
Michaela: DEUTSCHE.

Die Variationsproben können z.B. so eingesetzt werden:
- Ersetzungsprobe: Ersetze „Deutsche" durch „Rockmusiker", „Rechtsradikale", „Weiße" oder „Europäer"; ersetze „NU:R" durch „aber", „nebenbei gesagt" oder „jetzt hört mal";
- Weglaßprobe: Tilge „NU:R", „ä::h was weiß ich-", „n=schwarzer" oder „aus amerika";
- Ergänzungsprobe: Ergänze „Deutsche" oder „Nazis" (etc.) am Ende von Alex' Beitrag;
- Umstellprobe: Stelle die Aussage über die Onkelz vor die Aussage über Coolio.

Die Proben können auch auf Handlungen, gesamte Beiträge bzw. Gesprächspassagen bezogen werden: Welche Funktion hat es z.B., eine Frage anzukündigen anstatt sie direkt zu stellen?

Durch Variationen werden Differenzen und Ähnlichkeiten festgestellt. Diese sind nun auszudeuten, um die spezifischen Eigenschaften der fokalen Gesprächspraktik schärfer zu fassen:

- Welche Funktionen, Leistungen und Bedeutungsnuancen sind spezifisch für das fokale Element im Gegensatz zu den Varianten? Welche spezifischen Inferenzen legt es nahe, die sonst nicht zu ziehen wären?
- Welche Folgeerwartungen und Reaktionsmöglichkeiten für Gesprächspartner werden durch das fokale Element spezifisch etabliert?

- Welche Funktion kann es umgekehrt haben, daß mit der fokalen Gesprächspraktik gewisse Handlungen, Ausdrücke, Inferenzen, Reaktionsmöglichkeiten etc. *nicht* realisiert bzw. nicht eröffnet werden? Gibt es vielleicht kontextuelle Anhaltspunkte dafür, daß sie systematisch vermieden werden? Bezeichnet eine Sprecherin bspw. einen Sachverhalt dezidiert anders als andere Sprecher, und was deutet sie damit an?

Die Vergleiche können auf *gedankenexperimenteller Variation* beruhen. Sie stützt sich auf die Intuition des Gesprächsanalytikers, also auf Annahmen, was an einer Gesprächsstelle erwartbar, angemessen oder möglich gewesen wäre (Oevermann et al. 1979, 421ff.). *Implizite* gedankenexperimentelle Variationen liegen gewissermaßen schon *jeder* Kategorisierung oder Interpretation zugrunde, da die Kategorisierung von etwas *als* etwas impliziert, daß es sich von Mitgliedern anderer Kategorien unterscheidet, also etwas bestimmtes anderes *nicht* ist. Sie spielen somit als implizite Vergleiche schon bei der sequentiellen Analyse (6.2.) eine grundlegende Rolle. Die darüber hinausgehende, *explizite* gedankenexperimentelle Variation, die die o.g. Fragen und Techniken benutzt, ist vor allem in der ersten Phase der Detailanalyse unverzichtbar, um an einem Gesprächsausschnitt viele verschiedene, noch unvorgreifliche Interpretationen zu entwickeln. Sie bleibt im weiteren Forschungsprozeß wichtig, wenn keine geeigneten empirischen Vergleichspassagen zur Verfügung stehen bzw. um systematisch nach solchen zu suchen. Im Vergleich zu den Gesichtspunkten der sequentiellen (6.2.) und der fallübergreifenden Analyse (6.5.) ist die gedankenexperimentelle Variation erheblich spekulativer: Sie stützt sich nicht auf empirische Präsenz, sondern auf mögliches Abwesendes, das mit Wissensbeständen unterschiedlicher Herkunft zu begründen ist (6.4., I). Hier besteht natürlich die Gefahr, die Leistungsfähigkeit und Gewißheit der eigenen Intuition zu überschätzen. Die Konversationsanalyse hat durch ihre radikal empirische Untersuchungsmethodik ja gerade zeigen können, daß Gesprächsphänomene, die kontraintuitiv sind oder gar nicht imaginiert werden können, systematisch organisiert sind (Heritage 1984, 238ff.), und es ist ein Gemeinplatz der soziolinguistischen Forschung, daß extrakommunikative Intuitionen von Befragten über ihr sprachliches Handeln oftmals nicht zutreffen (Labov 1980a). Gedankenexperimentelle Erwägungen sind daher als Heuristik für den Gewinn von Analysehypothesen wertvoll, die dann durch *empirische Variation* unterstützt, belegt und ggfs. falsifiziert werden sollten. Dieser Ausarbeitung dient die fallübergreifende Analyse.

> **→ Einsatz von Variationstechniken**
> Jedes fokale Element sollte in bezug auf mehrere Dimensionen (z.B. Handlung, Kategorisierungen, Intonation) mit Alternativen verglichen werden. Die Wahl der Vergleichsdimensionen hängt vom Material und von der Untersuchungsfrage ab. Folgende Fragen wären zu stellen:

- Welche Alternativen sind möglich bzw. adäquat oder erwartbar?
- Gibt es in der Gesprächspassage Alternativen, die von anderen Gesprächsbeteiligten realisiert werden (z.B. andere Kategorisierungen des gleichen Sachverhalts; andere Arten, die gleiche Handlung zu vollziehen)?
- Welche Eigenschaften des fokalen Elements sind durch Ersetzungs-, Weglaß-, Ergänzungs- und Umstellproben zu erkennen?
- Was sind Gemeinsamkeiten und Unterschiede zwischen den Alternativen?
- Welche besonderen Funktionen, Leistungen oder Bedeutungen zeichnen das fokale Element im Vergleich zu den Alternativen aus? Welche besonderen Reaktionsmöglichkeiten und Inferenzen eröffnet es?
- Welche Konsequenzen oder Interpretationen werden durch das fokale Element ausgeschlossen? Wird systematisch etwas Bestimmtes vermieden, richtet sich das fokale Element gegen eine bestimmte Alternative?

6.5 Analysevertiefung: Fallübergreifende Analyse

In der fallübergreifenden Analyse werden die Interpretationen und Hypothesen, die an einigen wenigen Gesprächsausschnitten entwickelt worden sind, geprüft und ausgearbeitet.[28] Erst wenn ein großes Maß an Phänomenvarianz untersucht wurde, können wohlbegründete Aussagen über die Eigenschaften von Gesprächspraktiken und Interaktionsaufgaben gemacht und unausgewiesene Generalisierungen vermieden werden. Idealter führt die Gesprächsanalyse zu einer „*konzeptuell dichte(n) Theorie*" (Strauss 1991, 25), die die Variation eines Gesprächsphänomens innerhalb eines Untersuchungsfelds auslotet. Sie zeichnet sich einerseits durch *typologische Differenzierung* aus, indem sie unterschiedliche Fälle und Varianten in ihrem Fallkontext expliziert und als *kontextsensitive Lösungen* verständlich macht, die an jeweils besondere Bedingungen und Aufgaben angepaßt sind. Komplementär dazu werden generelle, weitgehend *kontextunabhängige Grundstrukturen* von Gesprächspraktiken gesucht. Dabei stehen vor allem die Klärung ihrer prozeduralen Musterhaftigkeit und die Vertiefung der problemtheoretischen und funktionalen Analyse im Vordergrund. Diese bilden die Grundlage für allgemeinere, abstraktere *interaktionstheoretische Kategorien und Überlegungen*, die für weitere Fälle und andere Untersuchungsfragen fruchtbar sein können.

Der Fallvergleich verläuft als *spiralförmiger Prozeß* der wechselseitigen Ausarbeitung *von Gegenstandskonstitution* (Was will ich wissen? Was sind der Gegenstand und der Phänomenbereich meiner Untersuchung?) *und Gegenstandsanalyse* (Welche Eigenschaften haben die untersuchten Daten? Vgl. 2.2.). Er besteht aus folgenden, wiederholt zu durchlaufenden Schritten:

---

28 ‚Fallvergleich' meint in diesem Text den Vergleich verschiedener Gesprächssequenzen, die als unterschiedliche Fälle einer oder mehrerer Gesprächspraktiken untersucht werden. Diese Sequenzen können, müssen aber nicht aus verschiedenen Gesprächen stammen.

1. *Gegenstandskonstitution*: Ausgangspunkt des Fallvergleichs sind die Resultate der ersten detaillierten Sequenzanalysen. Sie enthalten die empiriegestützte Eingrenzung einer bestimmten Gesprächspraktik und/oder eines Interaktionsproblems (= Gegenstand), über deren Eigenschaften in der Fallanalyse erste Hypothesen entwickelt wurden. Aus diesen Hypothesen werden Fragestellungen abgeleitet, die darauf abzielen, die Hypothesen systematisch zu prüfen, zu präzisieren, unterschiedliche Kontextfaktoren in Rechnung zu stellen etc. (als Bsp. s. Heritage 1995, 401).
2. *Sampling*: Nun kann systematisch nach Fällen gesucht werden, die geeignet sind, die im ersten Schritt entstandenen Fragen zu klären (Prinzip des ‚theoretical sampling', Strauss/Corbin 1996, 148ff.). Daneben können weitere Fälle untersucht werden, die entweder nach vorab spezifizierten Kriterien ausgewählt wurden (s.u.), oder das Ziel kann darin bestehen, alle Vorkommen in einem Korpus zu untersuchen. Beides kann auf der Grundlage einer *Kollektion* von Fällen der interessierenden Gesprächspraktik geschehen (s. 4.2.). Zur analytischen Mentalität der Gesprächsanalyse gehört es, sein *Material sehr gut zu kennen*, z.B. durch Feldarbeit, Erhebung, Inventarisierung, Transkription, frühere Analysen unter anderen Gesichtspunkten, wiederholtes Anhören der Bänder etc. Intensive Materialkenntnis ist unerläßlich für die zielsichere Wahl von Vergleichsfällen, für die Vermeidung vorschneller Verallgemeinerungen und für die Entwicklung „raffinierter" Fragestellungen, die die Vielfalt besonderer Probleme, der Varianten und Beziehungen eines Gegenstands zu anderen Sachverhalten berücksichtigen und zur Erkenntnisbildung nutzbar machen.
3. *Gegenstandsanalyse*: Die im zweiten Schritt ausgewählten Vergleichsfälle werden untersucht und zwar grundsätzlich nach den Prinzipien der detaillierten Sequenzanalyse (6.2.). Dabei werden insbesondere die im ersten Schritt entwickelten Fragestellungen berücksichtigt.
4. *Wiederholung der ersten drei Schritte bis zur theoretischen Sättigung*: Die Resultate des dritten Schritts führen meistens dazu, daß sich die Definition des Untersuchungsgegenstandes (der Gesprächspraktik oder des Interaktionsproblems) verändert: Es kann deutlich werden,
   a) daß Gesprächsphänomene in gleicher Weise organisiert sind, die nicht zusammenzugehören schienen,
   b) daß sich Phänomene in wesentlichen Eigenschaften unterscheiden, so daß sie nicht als Fälle der gleichen Klasse zu behandeln sind,
   c) daß der Untersuchungsgegenstand neu formuliert werden muß.
   Fall a): Eine Untersuchung über ‚Fragen' kann ergeben, daß zahlreiche syntaktische Formate als ‚Fragen' eingesetzt werden, die syntaktisch keine Fragesätze sind (z.B. Aussagesätze oder unvollendete Sätze mit steigender Endintonation).
   Fall b): Die Untersuchung von ‚Fragen' ergibt, daß einige syntaktische Fragesätze keine ‚Fragen' im Gespräch sind: Rhetorische Fragen oder zitierte Fragen erfordern keine Antwort und sind daher interaktional keine ‚Fragen'. Zudem müssen verschiedene Typen von ‚Fragen' unterschieden werden: Prüfungsfragen, Lehrerfragen, Informationsfragen etc.

Fall c): Es kann sich z.B. bei der Untersuchung von Polizeiverhören herausstellen, daß für die Aktivitäten des Verhörenden nicht die Kategorie ‚Fragen' entscheidend ist, sondern die Kategorie ‚diskursive Maßnahmen zur Geständnishervorlockung', zu denen auch die Konfrontation mit Vermutungen oder Vorhaltungen gehören, während die Frage nach den Personalien des Verdächtigen nicht dazu gehört.

Solche und andere Ergebnisse von Gesprächsanalysen führen dazu, daß der Untersuchungsgegenstand neu zu bestimmen ist und daß die Kollektion der zu untersuchenden Phänomene entsprechend zu modifizieren ist. Im Laufe des Forschungsprozesses kommen die Ergebnisse zu einer *theoretischen Sättigung* (Strauss/Corbin 1996, 159): Es bildet sich ein konsistentes Muster, das sich bestätigt, und es treten keine neuen Aspekte mehr zutage, die zu einer Modifikation der Grundstruktur führen würden. Weitere Fälle können dann selektiver und hypothesengeleiteter analysiert werden. Wenn allerdings ganz neue Fragestellungen und Erkenntnisse auftreten bzw. sich die bisherigen Hypothesen nicht bestätigen, ist es unabdingbar, zur detaillierten, materialgestützten Untersuchung zurückzukehren. Dabei kann es durchaus sinnvoll sein, früher untersuchte Materialien einer *Reanalyse* zu unterziehen.

Gegenstandskonstitution und Gegenstandserkenntnis sind also in der Gesprächsanalyse keine strikt voneinander getrennten und linear aufeinander folgenden Schritte. Eine adäquate Gegenstandskonstitution erfordert vielmehr ein hohes Maß an empirischen Erkenntnissen, und bereits die Formulierung der richtigen Fragen erfordert viel Wissen über die Gesprächswirklichkeit. Die Art der Aussagen sollte im Verlauf des Forschungsprozesses den Weg einer zunehmenden *Abstraktion* und *Integration* nehmen. Zu Beginn steht die genaue Explikation der Funktionsweise eines Gesprächsphänomens im Fallkontext im Vordergrund. Damit verbunden ist die Aufgabe, möglichst viele potentiell relevante Lesarten, Kategorien, Analyseaspekte etc. zu entwickeln und zu berücksichtigen und als vorläufige, weiter zu verfolgende Hypothesen festzuhalten. In dieser Phase ist es schädlich, zu früh zu versuchen, Hypothesen abschließend zu klären oder zwischen divergierenden Möglichkeiten zu entscheiden. Erst im Verlauf der fallübergreifenden Analyse sollten die Hypothesen, Aspekte und Kategorien zunehmend auf die wesentlichen, fallübergreifend relevanten Merkmale des Untersuchungsgegenstands hin verallgemeinert und konsistent miteinander verknüpft werden.

Dabei lohnt es sich oft, die Merkmale in unterschiedlichen Abstraktionsgraden zu formulieren (z.B. psychotherapeutische Hilfesuche < Beratungssituation < aufgabenorientierte Kommunikation). Dabei ist darauf zu achten, daß man nicht an einer Dimension von Merkmalen „klebt" (wie z.B. „institutionelle vs. private Kommunikation"), sondern verschiedene Merkmalsdimensionen in Erwägung zieht und ihre jeweilige Leistungsfähigkeit eruiert (also z.B. auch „Symmetrie vs. Asymmetrie", „Interesse vs. Desinteresse", „Nähe vs. Distanz" etc.).

Im Folgenden stelle ich Strategien der fallübergreifenden Analyse dar, die grundlegend für den Gewinn allgemeiner Aussagen über Gesprächspraktiken und Interaktionsstrukturen sind. Zu suchen und zu bestimmen sind

I Kokkurrenzen,
II die Varianz von Komponenten und Formen,
III marginale Fälle und das Verhältnis zu benachbarten Praktiken,
IV abweichende Fälle und Reparaturverfahren,
V strategische Nutzungen,
VI Vorkommen in unterschiedlichen Kontexten,
VII Fälle, die geeignet sind, Hypothesen zu testen, die sich aus bisherigen Analysen ergeben haben.

I Kokkurrenzen

Kokkurrenzen (= gemeinsames Vorkommen) eines fokalen Elements mit anderen Elementen, Kontextbedingungen etc. können sowohl über seine Funktionen und Konsequenzen als auch über Erfordernisse, die für den Einsatz des fokalen Elements erfüllt sein müssen, Aufschluß geben. Kokkurrenzen können *redundante Informationen* beinhalten (z.B. eine Zeigegeste zusammen mit der verbalen Bezeichnung des Gegenstands) und dadurch dazu beitragen, die Interpretation des fokalen Elements zu vereindeutigen. Solche ‚*co-occurring evidence*' (Wootton 1989, 246f.) in Form expliziter Verbalisierungen ist z.B. für die Interpretation von prosodischen Merkmalen oder Partikeln besonders wertvoll (z.B. Heritage 1984b am Beispiel der Partikel „oh"). Kokkurrenzen können weiterhin darauf hinweisen, daß mehrere Elemente in einem *holistischen Zusammenhang* stehen.

Dies gilt besonders für Interaktionsstile (Hinnenkamp/Selting 1989; Kallmeyer 1995b) und Formen des Emotionsausdrucks. Sie bestehen nicht aus einzelnen Merkmalen, sondern erfordern Kontinuität und die systematische Korrelation verschiedener Ebenen des Interaktionshandelns. Beispielsweise müssen bestimmte prosodische, lexiko-semantische, rahmende und rhetorische Merkmale kookkurrieren, um Entrüstung auszudrücken (Christmann/Günthner 1996). Ebenso ist Glaubwürdigkeit nicht durch punktuelle Aktivitäten, sondern nur durch eine konsistente Beteiligungsweise im gesamten Verlauf einer Interaktion zu gewinnen, vor deren Hintergrund erst einzelne Akte (z.B. Belegargumentationen oder emotionale Erregung) zum schlagkräftigen Beweis werden können (Deppermann 1997a).

II Varianz von Komponenten und Formen

Die Untersuchung einer breiten Varianz von Fällen ist ganz allgemein die Grundlage für eine systematische und umfassende Darstellung einer Gesprächspraktik. Das Kriterium der „breiten Varianz" ist in erster Linie weniger ein quantitatives als ein qualitatives Kriterium: In der Untersuchung sollte die *Spannweite unterschiedlicher Realisierungsformen*, die im Korpus vorkommen bzw. zur Untersuchung herangezogen werden können, ausgeschöpft werden. Es geht also zunächst darum, die empirische Phänomenvielfalt deskriptiv zu erfassen. Die unterschiedlichen Fälle sind dann in ihrer Systematik als *Varianten* einer Gesprächspraktik zu analysieren. Dies betrifft

- die Frage nach den *konstitutiven Komponenten und Realisierungsformen* einer Gesprächspraktik: welche Formen bzw. Merkmale sind notwendig und/oder hinreichend, welche sind äquivalent, welche sind optional? Wie sind reduzierte oder expandierte Formen beschaffen? Gibt es systematische Abfolgeverhältnisse und Kombinationsmöglichkeiten? Die Frage nach den Realisierungsformen zielt darauf ab, einen systematischen Zusammenhang zwischen Kategorien der Interaktions- und Handlungsorganisation (z.B. Erzählen, Sprecherwechsel) und linguistischen Kategorien (z.B. grammatische oder lexikalische Formen) herzustellen (Hausendorf/Quasthoff 1996, 127ff.).
- die Frage nach *bedingungs- und funktionsabhängigen Realisierungen*: wie sehen unterschiedliche Formen der Praktik in Abhängigkeit von unterschiedlichen Gesprächskontexten aus? Welche spezifischen Funktionen und Konsequenzen haben unterschiedliche Formen in Abhängigkeit von unterschiedlichen Kontexten?[29]

Am Ende eines solchen Vorgehens steht eine *Typologie* der Varianten einer Gesprächspraktik. Die Typenbildung sollte sich dabei nach Basisdimensionen richten, von denen die Gesprächsteilnehmer selbst die Realisierungsform der Gesprächspraktik abhängig machen. Dies können bspw. unterschiedliche Interaktionsaufgaben und -bedingungen, Beteiligungsrollen oder Handlungsstrategien sein. Die Untersuchung einer möglichst breiten Varianz ist darüber hinaus die Voraussetzung für begründete Aussagen über die *generischen*, d.h. allgemeinen und kontextunabhängig gültigen *Eigenschaften* einer Gesprächspraktik. Diese Eigenschaften sind am Einzelfall entweder gar nicht direkt abzuleiten oder höchstens sehr spekulativ zu vermuten.

Gute Beispiele für typologische Untersuchungen einer Gesprächspraktik nach den geschilderten (und anderen) Gesichtspunkten sind Nothdurft (1984) zur Problempräsentation in Beratungsgesprächen, Spranz-Fogasy (1986) zum Widersprechen oder Deppermann (1997a) zur Verhandlung von Glaubwürdigkeit in Schlichtungsgesprächen.

III Marginale Fälle und benachbarte Praktiken

Die besonderen Eigenschaften einer Gesprächspraktik gewinnen schärfere Konturen, wenn sie mit benachbarten Fällen verglichen wird, die ähnlich

---

29 Aufmerksame Leser werden bemerken, daß die Unterscheidungsmerkmale von Varianten zu allererst aus den Gesichtspunkten der sequentiellen Analyse (6.2.) zu gewinnen sind.

strukturiert sind, aber anderes leisten, unter anderen Bedingungen eingesetzt werden etc. Durch solche *Kontrastfolien* werden Gemeinsamkeiten und Differenzen, also spezifische Eigenschaften, deutlich, die sonst unbemerkt bleiben. Zudem können die minimalen Erfordernisse klarer angegeben werden, die erfüllt sein müssen, damit ein Fall „gerade noch" als Realisierung einer Praktik angesehen werden kann. Oftmals zeigt sich bei Kontrastierungen, daß es sinnvoll ist, Gesprächspraktiken nicht als isolierte Einzelprozeduren zu verstehen, sondern als Orientierungsrahmen, die in Stufen unterschiedlicher Allgemeinheit zu beschreiben sind. So können z.B. Sprecherwechselsysteme oder Rückmeldeaktivitäten als allgemeine *Klassen* definiert werden, deren sehr unterschiedliche Vertreter dennoch gewisse strukturelle und funktionale Gemeinsamkeiten haben. Durch solche Staffelungen des Abstraktionsniveaus von Kontrastierungen können Zusammenhänge zwischen zunächst sehr disparat erscheinenden Gesprächsphänomenen erkannt werden, die auf grundlegende Eigenschaften der Interaktionsorganisation verweisen. Im Zuge von Kontrastierungen können natürlich auch Ergebnisse und Konzepte bereits vorliegender Untersuchungen genutzt werden, in bezug auf die der Status der eigenen Untersuchungsgegenstände bestimmt und expliziert werden kann. Auf diese Weise bauen gesprächsanalytische Wissensbestände systematisch aufeinander auf. Kontrastierung und Typologisierung bergen allerdings die Gefahr, Gesprächspraktiken zu *vergegenständlichen* und die Taxonomiebildung zum Selbstzweck werden zu lassen. Man sollte sich die empirische Sensibilität für fließende Übergänge und marginale Fälle bewahren. In theoretischer Hinsicht muß im Auge behalten werden, daß bei aller soliden empirischen Fundierung jede Beschreibung *interpretativ* und *perspektivisch* ist und stets *Konstruktcharakter* hat – alternative (allerdings nicht widersprechende) Ordnungen und Interpretationen eines Gesprächssegments sind meistens mit ebenso guten Gründen möglich.

Ein besonders gutes Beispiel für das Erkenntnispotential kontrastiver Betrachtungen bieten die verschiedenen Untersuchungen zum Sprecherwechsel, z.B. in Gerichtsverhandlungen (Atkinson/Drew 1979, Kap.2) und in Nachrichteninterviews (Greatbatch 1988). Der Kontrast dieser institutionell spezialisierten Formen untereinander und ihr Vergleich mit den Regeln für Sprecherwechsel in nicht-institutionellen Alltagskonversationen (Sacks et al. 1974) bietet eine solide Basis für die Identifikation von wesentlichen Spezifika, Restriktionen und Asymmetrien zwischen Beteiligten im jeweiligen Interaktionstyp (Drew/Heritage 1992).

IV Abweichende Fälle und Reparaturverfahren

Besonders aufschlußreich sind solche Fälle, die den bisher gebildeten Hypothesen (z.B. über konditionelle Relevanzen) widersprechen. Diese abweichenden Fälle können unterschiedlich ausfallen und haben entsprechend verschiedene Konsequenzen für die Modellbildung.

1. Stehen die Fälle ganz einfach im Widerspruch zu den bisherigen Annahmen, sind diese falsch und müssen revidiert werden.
2. Die Gesprächsteilnehmer geben zu erkennen, daß sie das Geschehen *selbst als abweichend verstehen*. Dies kann zum einen *durch den Abweichler* selbst geschehen, indem dieser die abweichende Handlung in einer Art und Weise vollzieht, die ihren problematischen Status verdeutlicht. Solche *als* Abweichungen angezeigten Abweichungen zeichnen sich typischerweise durch einen erhöhten Formulierungsaufwand aus.

   Pomerantz (1984) postuliert z.B., daß auf Einladungen hin eine Zusage erwartet wird. Wenn Adressaten eine Einladung nicht annehmen, tun sie dies nicht umstandslos, sondern verzögern ihre Antwort, begründen und entschuldigen, wieso sie der Einladung nicht folgen können, äußern Bedauern, stellen ein Treffen zu einem anderen Zeitpunkt in Aussicht etc. Dies zeigt sehr deutlich, daß die Adressaten eine Zusage als normalen Fall ansehen und die Ablehnung besonders aufwendig gestalten. Dieser Aufwand wird nicht betrieben, wenn Einladungen angenommen werden.

   Zum anderen können Gesprächspartner zeigen, daß sie Aktivitäten *anderer* als abweichend empfinden. Dies geschieht durch Kritik, Sanktionen, irritierte Reaktionen oder die Wiederholung von Aktivitäten (z.B. Wiederholung oder Reformulierung unbeantworteter Fragen). Schließlich kann es *Reparaturverfahren* geben, die eigens darauf spezialisiert sind, Abweichungen „in Ordnung zu bringen". Ein besonders prominentes Beispiel hierfür sind Entschuldigungsrituale (Holly 1979). Es ist fast zwingend, daß Renormalisierungsanstrengungen stattfinden und daß dazu erprobte Reparaturverfahren existieren, wenn eine Interaktionsaufgabe tatsächlich notwendigerweise und regelmäßig gelöst werden muß bzw. wenn eine Norm verbindlich sein soll.

   Wenn die Interaktionsbeteiligten also in der einen oder anderen Weise zeigen, daß sie ein Ereignis als abweichend verstehen, ist der abweichende Fall ex negativo ein schlagender Beleg für die Gültigkeit der normativen Erwartung. Vor allem für die Identifikation von Interaktionsregeln, die eingespielten Alltagsroutinen zugrundeliegen und die so implizit, grundlegend und selbstverständlich sind, daß sie gemeinhin nicht bemerkt werden, sind solche Abweichungen eine unerläßliche Erkenntnisquelle. Hier wird die Erwartungsnorm erst durch den Zusammenbruch, die Störung des Routinevollzugs und ihre Konsequenzen greifbar.[30]
3. Am schwierigsten sind für den Gesprächsanalytiker die Fälle, in denen Abweichungen realisiert, aber nicht als solche verdeutlicht werden.

   Dies kann bei *asymmetrischen Interaktionsverhältnissen* der Fall sein, wenn Ranghöhere gegen elementare Regeln verstoßen (z.B. Fragen nicht beantworten) und die Rangniederen dies nicht anmahnen. Ein anderes Beispiel sind *reflexive Kontextneudefinitionen*: Ein Gesprächsteilnehmer handelt in einer Weise, die bisher geltenden Erwartungen widerspricht, und setzt dadurch einen neuen Kontext in Kraft, den seine Partner akzep-

---

30 Die systematische Durchbrechung grundlegender Reziprozitätserwartungen hat Garfinkel (1967) in seinen *Krisenexperimenten* zum methodischen Leitprinzip erhoben.

tieren (z.b. einen weniger förmlichen Kommunikationsstil, der dann nicht als respektlos, sondern als Zeichen gesteigerter Intimität und Sympathie aufgefaßt wird). Solche Fälle sind – oberflächlich gesehen – ein Anlaß, die ursprünglichen Hypothesen zu verwerfen. Doch dies würde „den Witz" dieser Abweichungen verkennen, der eben genau darin besteht, daß Abweichungen nicht als solche geahndet werden dürfen (im Fall machtregulierter Interaktion) oder so geschickt realisiert werden, daß sie akzeptiert oder gar favorisiert werden (im Fall des rhetorischen Erfolgs). Feststellung und Behauptung solcher unmarkierter Abweichungen erfordern besondere Plausibilisierung, die sich z.b. auf versteckte Indizien, spezifische Kontextinformationen oder Abweichungen von der Abweichung stützen kann. Obwohl es häufig explizit oder implizit getan wird, verbietet es die strikt empirische Ausrichtung der Gesprächsanalyse jedoch, einfach (intuitiv) Normalformen des Interagierens zu postulieren und anhand dieser dann Abweichungen zu diagnostizieren.

V Strategische Nutzungen

Strategische Nutzungen einer Gesprächspraktik liegen dann vor, wenn die mit ihr verbundenen erwartbaren, regelbasierten Reaktionen oder Inferenzen von Gesprächspartnern dazu benutzt werden, um andere, nicht offengelegte Ziele zu erreichen. Der Versuch und insbesondere der Erfolg strategischer Nutzung spricht dafür, daß das postulierte Muster so stabil und verbindlich ist, daß der strategische Nutzer auf regelhafte Konsequenzen vertrauen kann.

Eine verbreitete Form strategischen Handelns besteht z.B. darin, sich dumm zu stellen (Kallmeyer 1977). Dabei nutzt der strategisch Handelnde die Indirektheit der Äußerungen anderer, indem er sie wörtlich nimmt und dadurch die von ihm erwarteten Handlungen vermeidet (z.B. auf eine indirekte Bitte einzugehen), ohne sich explizit weigern zu müssen. Dies kann er umso erfolgreicher tun, wenn der Gesprächspartner es seinerseits aus strategischen Gründen vermeiden muß, sein Anliegen direkt zu formulieren.

VI Vorkommen in unterschiedlichen Kontexten

Alle Gesprächspraktiken werden in Abhängigkeit von Kontextparametern wie Beteiligungsstrukturen, Gesprächstyp, Kultur etc. unterschiedlich realisiert. In vielen Fällen sind darüber hinaus grundlegende Strukturmerkmale kontextabhängig, und viele Gesprächspraktiken sind überhaupt nur in ganz speziellen Kontexten anzutreffen und werden nur von bestimmten Sprechergruppen beherrscht.[31] Zu einer umfassenden Darstellung einer Gesprächs-

---

31 Ein Beispiel dafür sind rituelle Beleidigungsduelle (Labov 1980b). Differenzen und Besonderheiten kulturspezifischer Gesprächsformen sind vor allem Gegenstand der Ethnographie der Kommunikation (Duranti 1997; Saville-Troike 1989).

praktik gehört es, festzustellen, in welchen Gesprächsbereichen die Praktik angewendet wird, und wie sie an unterschiedliche Kontexte angepaßt wird. Dabei ist herauszufinden, worin ihre (relativ!) *kontextfreie Grundstruktur* und ihre *kontextsensitiven Anpassungen* an besondere Umstände, Interaktionszwecke, Gesprächsinhalte etc. bestehen. Ein besonders gut untersuchtes Beispiel stellen die allgemeinen Strukturen und die Spezialisierungen des Sprecherwechsels in unterschiedlichen Kontexten dar (Drew/Sorjonen 1997, 106f.).

VII Hypothesentestung

Für jede Untersuchung ist es grundlegend, nach Fällen zu suchen, mit denen systematisch Hypothesen getestet und Fragen beantwortet werden können, die sich aus bisherigen Analysen ergeben. Dies gilt gerade auch für solche Überlegungen, die auf Gedankenexperimenten, Plausibilitätsargumenten oder theoretischen Strukturanalysen fußen und völlig einleuchtend erscheinen. Es empfiehlt sich, Aussagen in ein logisches Format zu bringen und daraus Suchstrategien für Testfälle zu gewinnen. Besonders wichtig sind *Wenn-dann-Hypothesen*. Aus ihnen ist zu folgern: Wenn A, dann muß auch B vorliegen (= modus ponens); wenn Nicht-B vorliegt, dann auch Nicht-A (= modus tollens). Dieser Formalismus kann z.B. für Tests auf vermeintlich notwendige Komponenten einer Praktik oder auf regelhafte Bedingungen oder Folgen eingesetzt werden. Eine andere Strategie besteht darin, Konsequenzen aus Annahmen qua semantischer, theoretischer u.a. *Implikation* abzuleiten und diese dann zu prüfen. Besonders interessant sind Folgeprobleme, die aufgrund der Funktionen einer Gesprächspraktik auftreten müßten. Z.B. sind Konfliktlösungen durch vage und minimale Formulierungen sehr geeignet, beide Parteien zufriedenzustellen, da sie sie jeweils im Einklang mit ihren Positionen interpretieren können; sie eröffnen aber genau die Gefahr, daß es zu Streits um die richtige Interpretation kommt oder daß die Parteien ganz unterschiedliche Schlußfolgerungen aus der Konfliktlösung ziehen. Für Faktoren und Zusammenhänge, deren Relevanz und Gültigkeit fraglich ist, gilt Entsprechendes: Was geschieht, wenn diese oder jene *Bedingung* (nicht, zusätzlich) vorliegt? Über jede systematische Hypothesenprüfung hinaus heißt es jedoch, offen zu sein für Überraschungen, die erst implizite Hypothesen erkennbar und kritisierbar machen (Miles/Huberman 1995, 270).

In einer Untersuchung über die Verhandlung von Glaubwürdigkeit in Konfliktgesprächen kam ich zum Schluß, daß die direkte Zuschreibung von Unglaubwürdigkeit ein konstitutives Merkmal eines kompetitiven Gesprächsstils ist (= modus ponens). Demgegenüber sollte folglich in kooperativ-höflichen Gesprächen die Zuschreibung von Unglaubwürdigkeit vermieden werden (= modus tollens). Wie aber kann Vermeidung belegt werden? Bloße Absenz beweist ja noch nicht, daß etwas systematisch umgangen wird! Es waren also Fälle zu suchen, in denen Vermeidung positiv greifbar wurde. Sie konnten z.B. darin gefunden werden, daß entweder „widerwillig" oder sehr indirekt Zweifel an Glaubwürdigkeit ausgedrückt wurden, daß die Zuschreibung von Unglaubwürdigkeit als ultima ratio eingesetzt wurde, nachdem andere Versuche der Konsensbildung nicht fruchteten, oder daß Unglaubwürdigkeitszuschreibungen sehr aufwendig korrigiert und entschuldigt wurden (Deppermann 1997a, 268ff.). Die Schlußfolgerung, daß mit der Verhandlung der Glaubwürdigkeit von Sachverhaltsbehauptungen grundlegende Beziehungskonflikte ausgetragen wurden, konnte dadurch untermauert werden, daß Wahrheit und Glaubwürdigkeit ausgeklammert wurden, wenn Gesichtswahrung und die Bereinigung von Beziehungsstörungen leitend waren (Deppermann 1997a, 381f.).

> ➔ **Zur fallübergreifenden Analyse von Gesprächspraktiken**
> Suchen Sie nach
> 1. Kookkurrenzen,
> 2. konstitutiven, optionalen, bedingungsabhängigen und äquivalenten Komponenten und Realisierungsformen,
> 3. marginalen Fällen; vergleichen Sie die Praktik mit ähnlichen, benachbarten Praktiken,
> 4. abweichenden Fällen und Reparaturverfahren,
> 5. strategischen Nutzungen,
> 6. Vorkommen in unterschiedlichen Kontexten,
> 7. Fälle, mit denen systematisch Hypothesen getestet und Fragen beantwortet werden können, die sich aus bisherigen Analysen ergeben haben.

7. Gütekriterien für Gesprächsanalysen

Als wissenschaftliche Gütekriterien werden vorrangig *Reliabilität* (Genauigkeit und Verläßlichkeit der Daten) und *Validität* (Verhältnis der Daten zur sozialen Wirklichkeit und zu theoretischen Konzepten, Wahrheit und Generalisierbarkeit der wissenschaftlichen Aussagen) diskutiert, daneben auch Forderungen wie *Transparenz des Forschungsprozesses, (praktische) Relevanz* oder *Originalität*.[1] Hier sollen diejenigen Aspekte angesprochen werden, die für Gesprächsanalysen spezifisch und besonders wichtig sind.

Die Güte einer Untersuchung ist nicht an punktuellen Merkmalen festzumachen. Gültigkeitsfragen betreffen nahezu alle Untersuchungsschritte und ihr Verhältnis zueinander. Erkenntnisinteresse, theoretischer Rahmen, Methodologie, Methodik, die einzelnen Fragestellungen, Datenerhebung, -material und -auswertung sowie verallgemeinernde Aussagen müssen widerspruchsfrei sein und systematisch aufeinander aufbauen. Viele der bisher dargestellten methodischen Prinzipien und Prozeduren liegen nicht nur dem Gewinn gesprächsanalytischer Aussagen zugrunde; sie verkörpern auch Kriterien und beinhalten Tests, die zur Überprüfung und Erhöhung der Gültigkeit angestellt werden können. Die drei wichtigsten Aspekte sollen hier resümiert werden:

I   die Qualität der Datenmaterialien,
II die Durchführung und Präsentation der Gesprächsanalyse,
III die Frage der Generalisierbarkeit.

I   Qualität der Datenmaterialien

Im Vergleich zu anderen Methoden, wie Gedächtnisprotokollen, Experimenten, Fragebögen, Rollenspielen etc., stellt die Gesprächsanalyse die höchsten Ansprüche an die empirische Authentizität, d.h. die *ökologische*

---

1   Allgemeine Gesichtspunkte der Validität interpretativer Forschungen diskutieren Altheide/Johnson (1994), Flick (1995, Kap. 18), Kvale (1989) und Silverman (1993, Kap. 7); speziell für gesprächsanalytische Untersuchungen s. Peräkylä (1997).

Validität der Daten: Es soll ein Fall genau des Typus von Alltagspraxis protokolliert werden, über den Aussagen gemacht werden (= ‚*Natürlichkeitsprinzip*', 3.).[2] Durch Aufnahme und Transkription bleiben der Prozeß und die Details von Interaktionen für die Analyse erhalten; es werden keine Operationalisierungen oder Intuitionen untersucht, deren Bezug zur Realität, über die eigentlich Aussagen gemacht werden sollen, unklar bis artefakterzeugend ist. Dabei ist Folgendes zu bedenken und ggfs. bei der Gesprächsanalyse zu prüfen:

- Welche Rolle spielt das ‚*Beobachterparadoxon*' (3.)? Inwieweit werden Aktivitäten durch die Anwesenheit von Forschern, Kamera oder Tonband mitbestimmt, inwiefern sind sie also spezifisch an sie (mit-)adressiert? Dies ist zum einen in der Gesprächsanalyse selbst zu prüfen; zum anderen sind ethnographische Kenntnisse heranzuziehen, um Anomalien oder Unterlassungen zu entdecken und in ihrer Relevanz einzuschätzen.
- Erlaubt das Untersuchungsmaterial überhaupt, die gestellten Fragen zu beantworten? Problematisch ist vor allem, von arrangierten Situationen (z.B. Rollenspielen, Gruppendiskussionen) auf ihre natürlichen Gegenstücke zu schließen oder Handeln und Erleben durch Sprechen *über* Handeln und Erleben zu untersuchen, z.b. anhand von Interviews, wie dies etwa in der Psychologie und Soziologie üblich ist (zur Kritik s. Neumann-Braun/Deppermann 1998). In der Gesprächsanalyse muß die *Situationsdefinition* der Untersuchten rekonstruiert werden, und es ist sicherzustellen, daß sich Untersuchungsprämissen mit ihr decken. Wenn nicht, müssen diese verändert werden, oder es ist anderes Material zu erheben.
- Beachten Sie die Ausführungen zur *ethnographischen Adäquatheit* und zur *Vollständigkeit der Daten* (3.)! Die *Reliabilität* der Daten hängt von guter Aufnahmequalität (3.), geschulten Transkribenten und von der präzisen, die festgelegten Konventionen befolgenden Verschriftung ab (5.).

II Durchführung und Präsentation von Gesprächsanalysen

Grundlage für valide Fallanalysen sind die in Kapitel 6 diskutierten Kriterien:

- Die Aussagen müssen in den Daten fundiert und aus ihrer Analyse entwickelt werden; die Daten dürfen nicht nur als Illustration für vorab gefaßte Hypothesen selektiv bearbeitet werden. Aussagen müssen möglichst direkt an die Aktivitäten der Gesprächsteilnehmer angebunden werden (‚display'-Prinzip); insbesondere ist die Relevanz von Kon-

---

2 Wenn also z.B. pädagogische Interaktionen (= *Typus*) interessieren, dann ist ein *Fall* einer pädagogischen Interaktion zu untersuchen.

textgesichtspunkten durch ihre Konsequenzen für den Gesprächsverlauf auszuweisen (Prinzip der ‚procedural consequentiality', 6.4.).
- Die Analyse muß dem sequentiellen Erzeugungsprozeß des Gesprächs folgen, vor allem nicht vorspringen und Früheres durch Späteres erklären.
- Abschnitte, die die Gesprächsteilnehmer selbst setzen, und verstehensnotwendige Kontexte sind zu berücksichtigen.
- Die Analyse muß mit den Details des Datenmaterials lückenlos vereinbar sein und diese zur Aussagenbildung heranziehen.

Ethnographische Zusatzdaten können, ja müssen in manchen Fällen zur Stützung und Prüfung herangezogen werden. Es ist aber immer zu überlegen, ob Annahmen (z.B. über Darstellungsfähigkeit und -willigkeit der Befragten; 6.4.) tatsächlich zutreffen, die implizit zu machen sind, wenn mit den ethnographischen Daten die Validität einer Gesprächsanalyse geprüft werden soll.

Die Validität der theoretischen Aussagen hängt wesentlich davon ab, ob die in 6.5. dargestellten *Fallvergleiche* durchgeführt werden. Insbesondere die Suche nach abweichenden Fällen sowie die Hypothesenprüfung aufgrund theoretischen Samplings sind unerläßlich. Wenn stabile allgemeine, vom Einzelfall ablösbare Aussagen über Gesprächspraktiken und Interaktionsprobleme gewonnen worden sind und erschöpfende operationalisierbare Indikatoren für die theoretischen Konzepte anzugeben sind, können die Aussagen abschließend (!) *korrelationsstatistisch* (quantitativ) geprüft werden.[3]

Mindestens ebenso wichtig wie die Qualitätssicherung im Forschungsprozeß ist es jedoch, die wissenschaftliche Rezipientenschaft in die Lage zu versetzen, die Güte der Untersuchung zu beurteilen. Gütekriterien werden damit zu Forschungs*berichts*kriterien (Lüders 1995). Die werden weniger durch die *Behauptung*, man habe Güteanforderungen berücksichtigt, erfüllt, als durch die *Präsentation* von Informationen, anhand deren Leser selbst das Zustandekommen von Ergebnissen nachvollziehen und Geltungsfragen beurteilen können (Reichertz/Soeffner 1994). Dies kann natürlich nur partiell erreicht werden: Eine vollständige Darstellung des Forschungsprozesses ist nicht nur unmöglich, sondern wäre auch ermüdend. Ein wesentlicher Vorteil von Gesprächsanalysen liegt nun gerade darin, daß ihre Ergebnisse für Rezipienten anschaulich, nachvollziehbar und kritisierbar werden, indem sich diese mit den *publizierten Transkripten* (ggfs. auch Ton- und Bilddokumen-

---

3 Möglichkeiten und Probleme der Benutzung statistischer Methoden bei der Gesprächsanalyse können hier nicht in wünschenswerter Breite diskutiert werden. An einer Untersuchung über die Aufnahme von Ratschlägen in AIDS-Beratungsgesprächen zeigt Silverman (1993, 166ff.) beispielhaft, wie hypothesentestendes Sampling, Quantifizierung und die Analyse abweichender Fälle verbunden werden können. Schegloff (1993) diskutiert luzide die methodologischen Probleme des Quantifizierens in gesprächsanalytischen Untersuchungen. Eine Einführung in quantitative Methoden für Linguisten gibt Schlobinski (1996).

ten) auseinandersetzen, ihre eigenen Deutungen entwickeln und sie denen des Autors entgegenhalten können. Dazu ist sicherzustellen, daß Forschungsergebnisse möglichst an Materialstellen entwickelt und belegt werden und daß genügend verständnisnotwendiger Kontext mitgeliefert wird. Weitere wichtige Darstellungskriterien sind *Argumentativität* und *Explikativität* der wissenschaftlichen Aussagen: Transkripte sind nicht einfach als Belege anzuführen, sondern es sind die Interpretationsannahmen und -schritte zu explizieren und zu begründen, aufgrund deren die dokumentierten Gesprächsaktivitäten im Sinne der vertretenen These zu verstehen sind. Mögliche Einwände und Alternativthesen sind ggfs. zu diskutieren. Kriterien für die Überlegenheit einer Interpretation gegenüber anderen sind Belegbarkeit am Material, (logische, konzeptuelle etc.) Stichhaltigkeit, die Spannweite der von ihr erfaßten Phänomene und die Sparsamkeit ihrer Voraussetzungen.

Die Explikation von Einzelfällen ist für die Gesprächsanalyse jedoch nur selten das Ziel, sondern vielmehr der Ausgangspunkt, um zu einer fallübergreifenden, systematischen Typologie und zu abstrakteren, allgemeinen Aussagen über Gesprächspraktiken zu gelangen. Zu zeigen ist hier, daß unterschiedliche Ereignisse in gleicher Weise organisiert sind und nach welchen Prinzipien und unter welchen Bedingungen Varianten entstehen. Dazu sollten relevante Vergleichsfälle (6.5.) oder auch statistische Kennwerte so weit als möglich präsentiert werden. Klar ist aber, daß immer nur ein Ausschnitt der Daten, Erfahrungen und Argumente, die allgemeineren Aussagen zugrundeliegen, darzustellen ist.[4] Im Gegensatz zur Explikation von Einzelfällen bleiben Behauptungen über allgemeine Gesprächsstrukturen und Typologien von Gesprächspraktiken durch die im Bericht präsentierten Fälle zwangsläufig unterbestimmt. Solche abstrakten Aussagen müssen *prinzipiell einholbar* sein: Sie müssen durch die dargestellten Materialien zumindest motiviert und mit ihnen vereinbar sein. Zum anderen entscheidet sich die Güte der Theorie an ihrer *konzeptuellen Dichte*: der logischen Konsistenz, dem Vernetzungsgrad, der strukturellen Transparenz und Systematik sowie der Differenziertheit der Aussagen.

III Generalisierbarkeit

‚Generalisierbarkeit' meint: Für welche Bereiche gelten die aus der Untersuchung gewonnenen Aussagen? Auf welche Sprecherpopulationen, Situatio-

---

4 Schon bei der Untersuchung makroprozessualer Gesprächsentwicklungen (6.1. und 6.2., VII) ist es in der Regel unmöglich, das Transkript des gesamten Falles zu publizieren. Ganz allgemein unterliegt jede Darstellung Ausführlichkeitsbeschränkungen. Welche Überprüfungsmöglichkeiten dem Leser an die Hand gegeben werden, ist also immer eine Frage von Auswahlentscheidungen, die man sehr bewußt treffen und evtl. auch im Text begründen sollte.

nen, kulturelle Gemeinschaften etc. können sie übertragen bzw. verallgemeinert werden? Dieser Frage wird in der Gesprächsanalyse – wie überhaupt in der interpretativen Forschung – leider wenig Aufmerksamkeit geschenkt. Sicherlich sind viele Gesprächsphänomene der eigenen Kultur so alltäglich und vertraut, daß die Generalisierbarkeit ihrer *Existenz* nicht eigens bewiesen werden muß.[5] Weitergehende Ansprüche auf die Generalisierbarkeit der Aussagen über angeblich konstitutive Komponenten, über Zusammenhänge, Muster, Interaktionsaufgaben etc. werden aber mindestens indirekt durch die Wahl der Kategorien, mit denen Gesprächsstrukturen beschrieben werden, erhoben: Die *Abstraktionsebene* von Aussagen impliziert die Klasse der Fälle, für die eine Regel, Problemstellung etc. gelten soll, und oft liegt in ihr zudem eine unausgesprochene *Erklärungshypothese*.

Wenn z.B. behauptet wird, daß „in Gesprächen" eine ‚Präferenz für Zustimmung' bestehe (Sacks 1987), dann wird damit zumindest suggeriert, daß dies für *alle* Gespräche in *allen* Kulturen, Situationen etc. gelte. Offensichtlich trifft dies aber nicht für Streitgespräche zu: Hier werden Zurückweisungen präferiert und Zustimmungen vermieden (Kotthoff 1993).

Es stellt sich also die Frage, welche *Nebenbedingungen* erfüllt sein müssen, damit Aussagen auf andere Situationen übertragbar sind, und ob tatsächlich die *konstitutiven Eigenschaften* von Gesprächspraktiken erkannt worden sind oder vielleicht nur solche, die im Fallzusammenhang besonders auffällig, im allgemeinen aber weder notwendig noch hinreichend sind. Für die Klärung solcher Generalisierbarkeitsfragen bieten sich folgende Strategien an:

- systematische *Fallvergleiche* nach möglichst vielen potentiell relevant erscheinenden Bedingungs- und Variationsparametern (6.5.);
- *Häufigkeitsverteilungen* und korrelationsstatistische *Signifikanztests*;
- Suche nach bereits *vorliegenden Forschungen*, die die eigenen Befunde stützen bzw. die auf relevante, zu prüfende Bedingungen hinweisen;
- Darstellung von *Merkmalen der Gesprächssituationen, der Gesprächsteilnehmer* (z.B. Alter, Geschlecht) und des *Umfangs des untersuchten Korpus* (Dauer, Anzahl der Gespräche, Vorkommen eines Phänomens);
- *theoretische* und (konstrukt-)*logische Argumentationen*.

Die Leistungsfähigkeit der zuletzt genannten Begründungsart wird leicht überschätzt: Schon häufig haben Strukturen, die aufgrund „logischer Erwägungen" universell zu sein schienen, sich als abhängig von kulturellen, historischen etc. Umständen erwiesen. Trotzdem sind auch spekulative *Ausdeutungen* mit Verallgemeinerungspotential wünschenswert und fruchtbar, wenn

- sie Kategorien bereitstellen und Erklärungspotentiale mit sich bringen, die über die untersuchten Fragestellungen hinausreichen;

---

5   Dies kann sich allerdings schon ändern, wenn man über subkulturelle Kommunikationsformen berichtet oder für eine ausländische Zeitschrift schreibt.

- empirisch fundierte Anregungen und Beiträge zur theoretischen Diskussion beinhalten;
- die Aufmerksamkeit auf neue Phänomene und Fragestellungen lenken.

Schon viele grundlegende Erkenntnisse hatten (nicht nur in der Gesprächsanalyse) ihren Ursprung in ingeniösen Einzelfallstudien. Wie wegweisend eine Studie ist, kann aber in vielen Hinsichten nicht in ihr selbst entschieden werden. Ob sie weitere Forschungen anregt, der Selbstverständigung der Rezipienten dient oder sich in weiteren Studien und praktischen Anwendungen bewährt, hängt von ihrer *Rezeptionsgeschichte* ab.

> ➔ **Fragen zur Beurteilung der Untersuchungsgüte**
> - Sind die Gesprächsdaten ökologisch valide? Sind sie zur Beantwortung der untersuchten Fragestellungen geeignet?
> - Stehen Fragestellung, Theorie, Methodik, Daten und Aussagen in einem konsistenten Zusammenhang? Erhält der Leser genügend Informationen über Erhebungsumstände, das Korpus, relevante Kontextdaten etc.?
> - Werden fallbezogene und allgemeine Aussagen hinreichend durch Gesprächsdaten gestützt? Werden relevante Einwände berücksichtigt, und sind die Aussagen des Autors alternativen Hypothesen überlegen?
> - Beruhen Aussagen auf einer detaillierten Sequenzanalyse?
> - Werden Interpretationen hinreichend expliziert und begründet?
> - Gelangt der Autor zu allgemeinen, fallübergreifenden Aussagen? Welche Verallgemeinerungsansprüche stellt er? Wie belegt er ihre Gültigkeit?
> - Sind die Aussagen logisch stringent und dicht miteinander vernetzt?
> - Ist die Forschung mit vorliegenden Erkenntnissen vereinbar? Inwieweit erweitert oder revidiert sie den bisherigen Kenntnisstand?

8. Literatur

Allen, J.F. (1995) Natural language understanding. 2nd ed. Redwood City, Ca.
Altheide, D.J./Johnson, J.M. (1994) Criteria for assessing interpretive validity in qualitative research. In: Denzin, N.K./Lincoln, Y. (Hg.) Handbook of qualitative research. London, 485-499.
Atkinson, J.M. (1984) Our masters' voices. London.
Atkinson, J.M./Drew, P. (1979) Order in court. London.
Auer, P. (1992) Introduction: John Gumperz' approach to contextualization. In: Auer, P./ Di Luzio, A. (Hg.) The contextualization of language. Amsterdam, 1-37.
Auer, P. (1995) Ethnographic methods in the analysis of oral communication. Some suggestions for linguists. In: Quasthoff, U.M. (Hg.) Aspects of oral communication. Berlin, 419-440.
Auer, P./Couper-Kuhlen, E. (1994) Rhythmus und Tempo konversationeller Alltagssprache. Zeitschrift für Literaturwissenschaft und Linguistik 96, 78-106.
Auer, P./Selting, M. (i.Dr.) Der Beitrag der Prosodie zur Gesprächsorganisation. In: Antos, G./Brinker, K./Heinemann, W./Sager F. (Hg.) Text und Gesprächslinguistik. 2. Halbband. Berlin.
Beaugrande, R.-A. de/Dressler, W.U. (1981) Einführung in die Textlinguistik. Tübingen.
Becker-Mrotzek, M./Meier, C. (1999) Arbeitsweisen und Standardverfahren der Angewandten Diskursforschung. In: Brünner, G./Fiehler, R./Kindt, W. (Hg.) Angewandte Diskursforschung. Band 1. Opladen.
Bergmann, J.R. (1981) Ethnomethodologische Konversationsanalyse. In: Schröder, P./ Steger, H. (Hg.) Dialogforschung. Düsseldorf, 9-52.
Bergmann, J.R. (1985) Flüchtigkeit und methodische Fixierung sozialer Wirklichkeit. In: Bonß, W./Hartmann, H. (Hg.) Entzauberte Wissenschaft. Göttingen, 299-320.
Bergmann, J.R. (1987) Klatsch. Zur Sozialform der diskreten Indiskretion. Berlin.
Bergmann, J.R. (1988a-c) Ethnomethodologie und Konversationsanalyse. 3 Bde. Hagen.
Bergmann, J.R. (1994) Ethnomethodologische Konversationsanalyse. In: Fritz, G./Hundsnurscher, F. (Hg.) Handbuch der Dialoganalyse. Tübingen, 3-16.
Bergmann, J.R./Luckmann, T. (1995) reconstructive genres of everyday communication. In: Quasthoff, U.M. (Hg.) Aspects of oral communication. Berlin: 289-304
Bilmes, J. (1985) „Why that now?" Two kinds of conversational meaning. In: Discourse processes 8, 319-355.
Briggs, C.L. (1986) Learning how to ask. Cambridge.
Bublitz, W. (1988) Supportive fellow speakers and cooperative conversations. Amsterdam.
Bussmann, H. (1990) Lexikon der Sprachwissenschaft. Stuttgart.
Christmann, G.B./Günthner, (1996) Sprache und Affekt. Die Inszenierung von Entrüstungen im Gespräch. In: Deutsche Sprache 24, 1-33.

Cicourel, A.V. (1992) The interpenetration of communicative contexts. Examples from medical encounters. In: Duranti, A./Goodwin, C. (Hg.) Rethinking context. Cambridge, 291-310.
Clark, H.H. (1992) Arenas of language use. Chicago.
Clark, H.H. (1996) Using language. Cambridge.
Cook, G. (1990) Transcribing infinity. In: Journal of pragmatics 14 (1), 1-25.
Coulter, J. (1989) Mind in action. Cambridge.
Couper-Kuhlen, E./Selting, M. (Hg.)(1996) Prosody in conversation. Cambridge.
Denzin, N.K./Lincoln, Y. (Hg.)(1994) Handbook of qualitative research. London.
Deppermann, A. (1997a) Glaubwürdigkeit im Konflikt. Frankfurt am Main.
Deppermann, A. (1997b) Gesprächsanalyse als explikative Konstruktion – ein Plädoyer für eine reflexive Ethnomethodologie. Frankfurt am Main.
Deppermann, A. (i.Dr.) Semantic shifts in argumentative processes: A step beyond the ‚fallacy of equivocation'. In: Argumentation.
Deppermann, A./Spranz-Fogasy, T. (1998) Kommunikationsstörungen *durch* den Gesprächsprozeß. In: Fiehler, R. (Hg.) Verständigungsprobleme und gestörte Kommunikation. Opladen, 44-62.
Deppermann, A./Spranz-Fogasy, T. (i.Dr.) Aspekte und Merkmale der Gesprächssituation. In: Antos, G./Brinker, K./Heinemann, W./Sager F. (Hg.) Text und Gesprächslinguistik. 2.Halbband. Berlin.
Drew, P./Heritage, J. (Hg.)(1992) Talk at work. Cambridge.
Drew, P./Sorjonen, M.-L. (1997) Institutional dialogue. In: Dijk, T.A. van (Hg.) Discourse as social interaction. London, 92-118.
Duranti, A. (1994) From grammar to politics. Berkeley, CA.
Duranti, A. (1997) Linguistic anthropology. Cambridge.
Dürr, M./Schlobinski, P. (1994) Einführung in die deskriptive Linguistik. Opladen.
Eberle, T. (1997) Ethnomethodologische Konversationsanalyse. In: Hitzler, R./Honer, A. (Hg.) Sozialwissenschaftliche Hermeneutik. Opladen, 245-279.
Edwards, J.A./Lampert, M.D. (Hg.)(1994) Talking data. Hillsdale, NJ.
Ehlich, K. (1986) Interjektionen. Tübingen.
Ehlich, Kontext./Rehbein, Kontext. (1986) Muster und Institution. Tübingen.
Erickson, F./Shultz, J. (1982) The counselor as gatekeeper. New York.
Fiehler, R. (1980) Kommunikation und Kooperation. Berlin.
Fiehler, R. (1994) Analyse- und Beschreibungskategorien für geschriebene und gesprochene Sprache. Alles eins? In: Cmejrková, S./Danes, F./Havlová, E. (Hg.) Speaking vs. writing. Tübingen, 175-180.
Flick, U. (1991) Stationen des qualitativen Forschungsprozesses. In: Flick, U. et al. (Hg.) Handbuch Qualitative Sozialforschung. München, 148-175.
Flick, U. (1995) Qualitative Forschung. Reinbek bei Hamburg.
Foppa, K. (1990) Topic progression and intention. In: Marková, I./Foppa, K. (Hg.) The dynamics of dialogue. New York, 178-200.
Garfinkel, H. (1967) Studies in Ethnomethodology. Englewood Cliffs, NJ.
Garfinkel, H./Sacks, H. (1976) Formale Strukturen praktischer Handlungen. In: Weingarten, E./Sack, F./Schenkein, J. (Hg.) Ethnomethodologie. Frankfurt am Main, 130-176.
Geertz, C. (1983) Dichte Beschreibung. Frankfurt am Main.
Giles, H./Coupland, N. (1991) Language: contexts and consequences. Buckingham.
Glück, H. (Hg.)(1993) Metzler Lexikon Sprache. Stuttgart.
Goffman, E. (1977) Rahmen-Analyse. Frankfurt am Main.
Goodwin, C. (1981) Conversational organization. New York.
Goodwin, C./Goodwin, M.H. (1992) Context, activity and participation. In: Auer, P./Di Luzio, A. (Hg.) The contextualization of language. Amsterdam, 77-99.

Goodwin, C. (1993) Recording human interaction in natural settings. In: Pragmatics 3, 2, 181-209.
Goodwin, M.H. (1990) He-Said-She-Said. Bloomington.
Greatbatch, D. (1988) A turn-taking system for British news interviews. In: Language in Society 17, 3, 401-430.
Gumperz, J.J. (1982) Discourse strategies. Cambridge.
Gumperz, J.J. (1992) Contextualization revisited. In: Auer, P./Di Luzio, A. (Hg.) The contextualization of language. Amsterdam, 39-53.
Günthner, S. (1996) The prosodic contextualization of moral work: an analysis of reproaches in ‚why'-formats. In: Couper-Kuhlen, E./Selting, M. (Hg.) Prosody in conversation. Cambridge, 271-302.
Halkowski, T. (1990) „Role" as an interactional device. In: Social problems 37, 4, 564-577.
Halliday, M.A.K./Hasan, R. (1976) Cohesion in English. London.
Hammersley, M. (1992) What's wrong with ethnography? London.
Hammersley, M./Atkinson, P. (1983) Ethnography: Principles in practice. London.
Hartung, M. (1998) Ironie in der Alltagssprache. Opladen.
Hausendorf, H. (1992) Gespräch als System. Opladen.
Hausendorf, H. (1997) Konstruktivistische Rekonstruktion. Theoretische und empirische Implikationen aus konversationsanalytischer Sicht. In: Sutter, T. (Hg.) Beobachtung verstehen, Verstehen beobachten. Opladen, 254-272.
Hausendorf, H. (i.Dr.) Gesprächsanalyse im deutschsprachigen Raum. In: Antos, G./Brinker, K./Heinemann, W./Sager F. (Hg.) Text und Gesprächslinguistik. 2. Halbband. Berlin.
Hausendorf, H./Quasthoff, U.M. (1996) Sprachentwicklung und Interaktion. Opladen.
Have, P. ten (1998) Doing conversation analysis. London.
Haviland, J.B. (1996) Projections, transpositions, and relativity. In: Gumperz, J.J./Levinson, C. (Hg.) Rethinking linguistic relativity. Cambridge, 271-323.
Heath, C. (1997) The analysis of activities in face to face interaction using video. In: Silverman, D. (Hg.) Qualitative research. London, 183-200.
Heritage, J. (1984a) Garfinkel and ethnomethodology. Cambridge.
Heritage, J. (1984b) A change-of-state token and aspects of its sequential placement. In: Atkinson, J.M./Heritage, J. (Hg.) Structures of social action. Cambridge, 299-345.
Heritage, J. (1988) Explanations as accounts: a conversation analytic perspective. In: Antaki, C. (Hg.) Analyzing everyday explanation. London, 127-144.
Heritage, J. (1990/91) Intention, meaning and strategy. In: Research on language and social interaction 24, 311-332.
Heritage, J. (1995) Conversation analysis: Methodological aspects. In: Quasthoff, U.M. (Hg.) Aspects of oral communication. Berlin, 391-418.
Heritage, J. (1997) Conversational analysis and institutional talk: Analysing data. In: Silverman, David (Hg.) Qualitative research. Theory, method and practice. London, 161-182.
Heritage, J./Roth, A.L. (1995) Grammar and institution: questions and questioning in broadcast media. Research on Language and Social Interaction 28, 1, 1-60.
Heritage, J./Watson, D.R. (1979) Formulations as conversational objects. In: Psathas, G. (Hg.) Everyday language. New York, 123-162.
Hinnenkamp, V./Selting, M. (Hg.)(1989) Stil und Stilisierung. Tübingen.
Hitzler, R./Honer, A. (Hg.)(1997) Sozialwissenschaftliche Hermeneutik. Opladen.
Holly, W. (1979) Imagearbeit in Gesprächen. Tübingen.
Holly, W. (1992) Holistische Dialoganalyse. Anmerkungen zur „Methode" pragmatischer Textanalyse. In: Stati, S./Weigand, E. (Hg.) Methodologie der Dialoganalyse. Tübingen, 15-40

Husserl, E. (1922) Ideen zu einer reinen Phänomenologie und phänomenologischen Philosophie. Tübingen.
Hutchby, I./Wooffitt, R. (1998) Conversation analysis. Oxford.
Hymes, D. (1972) Models of the interaction of language and social life. In: Gumperz, J.J./ Hymes, D. (Hg.) Directions in sociolinguistics. New York, 35-71.
Jacobs, S./Jackson, S. (1989) Building a model of conversational argument. In: Dervin, B./Grossberg, L./O'Keefe, B.J./Wartella, E. (Hg.) Rethinking communication. Vol.2: Exemplars. London, 153-171.
Jefferson, G. (1982) Side sequences. In: Sudnow, D. (Hg.) Studies in social interaction. New York, 294-338.
Jefferson, G. (1985) An exercise in the transcription and analysis of laughter. In: Dijk, T.A. van (Hg.) Handbook of Discourse Analysis. Vol.3. London, 25-34.
Johansson, S./Stenström, A.-B. (Hg.)(1991) English computer corpora. Berlin.
Kallmeyer, W. (1977) Verständigungsprobleme in Alltagsgesprächen. In: Der Deutschunterricht 29, 6, 52-69.
Kallmeyer, W. (1978) Fokuswechsel und Fokussierungen als Aktivitäten der Gesprächskonstitution. In: Meyer-Herrmann, R. (Hg.) Sprechen – Handeln – Interaktion. Tübingen, 179-250.
Kallmeyer, W. (1981) Aushandlung und Bedeutungskonstitution. In: Schröder, P./Steger, H. (Hg.) Dialogforschung. Düsseldorf, 89-127.
Kallmeyer, W. (1985) Handlungskonstitution im Gespräch. In: Gülich, E./Kotschi, T. (Hg.) Grammatik, Konversation, Interaktion. Tübingen, 81-123.
Kallmeyer, W. (1988) Konversationsanalytische Beschreibung. In: Ammon, U./Dittmar, N./Mattheier, K.-J. (Hg.) Soziolinguistik. 2.Halbband. Berlin, 1095-1108.
Kallmeyer, W. (1995a) Ethnographie städtischen Lebens. In: Ders. (Hg.) Ethnographien von Mannheimer Stadtteilen. Berlin, 1-41.
Kallmeyer, W. (1995b) Zur Darstellung von kommunikativem sozialem Stil in soziolinguistischen Gruppenporträts. In: Keim, I. (Hg.) Kommunikative Stilistik einer sozialen Welt ‚kleiner' Leute. Berlin, 1-25.
Kallmeyer, W. (Hg.)(1996) Gesprächsrhetorik. Tübingen.
Kallmeyer, W./Schütze, F. (1976) Konversationsanalyse. In: Studium Linguistik 1, 1-28.
Kallmeyer, W./Schütze, F. (1977) Zur Konstitution von Kommunikationsschemata der Sachverhaltsdarstellung. In: Wegner, D.(Hg.) Gesprächsanalysen. Hamburg, 159-274.
Kallmeyer, W./Schmitt, R. (1996) Forcieren oder: die verschärfte Gangart. In: Kallmeyer, W. (Hg.) Gesprächsrhetorik. Tübingen, 19-118.
Keim, I. (1995) Kommunikative Stilistik einer sozialen Welt ‚kleiner Leute' in der Mannheimer Innenstadt. Berlin.
Kelle, U./Kluge, S. (1999) Vom Einzelfall zum Typus. Opladen.
Klein, W. (1993) Transkriptionskonventionen des Instituts für deutsche Sprache. Mannheim
Klemm, M. (1998) Von Aufmerksam-Machen bis Zurechtweisen: zum kommunikativen Repertoire von Fernsehzuschauern. In: Brock, A./Hartung, M. (Hg.) Neuere Entwicklungen in der Gesprächsforschung. Tübingen, 191-211.
Knoblauch, H.A./Günthner, S. (1997) Gattungsanalyse. In Hitzler, R./Honer, A. (Hg.) Sozialwissenschaftliche Hermeneutik. Opladen, 281-307.
Koole, T. (1997) The role of ethnography in the analysis of institutional discourse. In: Lentz, L./Pander Maat, H. (Hg.) Discourse analysis and evaluation: functional approaches. Amsterdam, 59-86.
Kotthoff, H. (1993) Disagreement and concession in disputes: On the context sensitivity of preference structures. In: Language in society 22, 193-216.

Kvale, S. (Hg.)(1989) Issues of validity in qualitative research. Lund.
Labov, W./Fanshel, D. (1977) Therapeutic discourse. New York.
Labov, W. (1980a) Einige Prinzipien linguistischer Methodologie. In: Ders. Sprache im sozialen Kontext. Königstein/Ts, 1-24.
Labov, W. (1980b) Regeln für rituelle Beschimpfungen. In: Ders. Sprache im sozialen Kontext. Königstein/Ts, 251-286.
Levinson, C. (1990) Pragmatik. Tübingen.
Lewandowski, T. (1990) Linguistisches Wörterbuch. 3 Bde. Wiesbaden.
Linke, A./Nussbaumer, M./Portmann, P.R. (1996) Studienbuch Linguistik. Tübingen.
Luhmann, N. (1997) Die Gesellschaft der Gesellschaft. 2 Bde. Frankfurt am Main.
Lüders, C. (1995) Von der teilnehmenden Beobachtung zur ethnographischen Beschreibung. In: König, E./Zeidler, P. (Hg.) Bilanz qualitativer Forschung. Bd.2. Weinheim, 311-342.
Lyons, J. (1980) Semantik. Bd.1. München.
Malone, M.J. (1997) Worlds of talk. The presentation of self in everyday conversation. Cambridge.
Mann, W.C./Thompson, A. (1988) Rhetorical structure theory. In: Text 8 (3), 243-281.
Mason, J. (1996) Qualitative researching. London.
Maturana, H.R. (1982) Autopoietische Systeme. In: Ders. Erkennen. Braunschweig, 170-235.
Meier, C. (1998) Telekooperation. Zur Untersuchung von Arbeits- und Interaktionsprozessen anhand von Videoaufzeichnungen. In: Arbeit 3, 257-275.
Meise, K. (1996) Une forte absence. Schweigen in alltagsweltlicher und literarischer Kommunikation. Tübingen.
Middelton, D./Engeström, Y. (Hg.)(1997) Cognition and communiction at work. Cambridge.
Miles, M.B./Huberman, A.M. (1994) Qualitative data analysis. London.
Milroy, L. (1987) Observing and analysing natural language. Oxford.
Neumann-Braun, K./Deppermann, A. (1998) Ethnographie der Kommunikationskulturen Jugendlicher. In: Zeitschrift für Soziologie 27, 4, 239-255.
Nofsinger, R.E. (1991) Everyday conversation. Newbury Park.
Nothdurft, W. (1984) „äh folgendes problem äh" – Die interaktive Ausarbeitung des Problems in Beratungsgesprächen. Tübingen.
Nothdurft, W./Spranz-Fogasy, T. (1991) Gesprächsanalyse von Schlichtungs-Interaktion. In: Flader, D. (Hg.) Verbale Interaktion. Stuttgart, 222-240.
Nothdurft, W. (1998) Wortgefecht und Sprachverwirrung. Gesprächsanalyse der Konfliktsicht von Streitparteien. Opladen.
Ochs, E. (1979) Transcription as theory. In: Ochs, E./Schieffelin, B.B. (Hg.) Developmental pragmatic New York, 43-72.
Ochs, E./Schegloff, E.A./Thompson, S. (1996)(Hg.) Interaction and grammar. Cambridge.
Oevermann, U. (1983) Zur Sache. Die Bedeutung von Adornos methodologischem Selbstverständnis. In: Friedeberg, L. von/Habermas, J. (Hg.) Adorno-Konferenz 1983. Frankfurt am Main, 234-292.
Oevermann, U./Allert, T./Konau, E./Krambeck, J. (1979) Die Methodologie einer ‚objektiven Hermeneutik' und ihre allgemeine forschungslogische Bedeutung in den Sozialwissenschaften. In: Soeffner, H.-G. (Hg.) Interpretative Verfahren in den Sozial- und Textwissenschaften. Stuttgart, 352-433.
Peräkylä, A. (1997) Reliability and validity in research based on transcripts. In: Silverman, D. (Hg.) Qualitative research. London, 201-220.
Plett, H.F. (Hg.)(1991) Intertextuality. Berlin.
Polenz, P. von (1988) Deutsche Satzsemantik. Berlin.

Pomerantz, A. (1984) Agreeing and disagreeing with assessments in conversation. In: Atkinson, J.M./Heritage, J. (Hg.) Structures of social action. Cambridge, 57-101.
Potter, J./Edwards, D./Wetherell, M. (1993) A model of discourse in action. In: American behavioral scientist 36 (3), 383-401.
Potter, J./Wetherell, M. (1987) Discourse and social psychology. London.
Potter, J./Wetherell, M. (1994) Analyzing discourse. In: Bryman, A./Burgess, R.G. (Hg.) Analyzing qualitative data. London, 47-66.
Potter, J. (1996) Representating reality. London.
Psathas, G. (1995) Conversation analysis. London.
Rehbein, J. (1977) Komplexes Handeln. Stuttgart.
Reichertz, J./Schröer, N. (1994) Erheben, Auswerten, Darstellen. In: Schröer, N. (Hg.) Interpretative Sozialforschung. Opladen, 56-84.
Reichertz, J./Soeffner, H.-G. (1994) Von Texten und Überzeugungen. In: Schröer, N. (Hg.) Interpretative Sozialforschung. Opladen, 310-327.
Ryle, G. (1969) Der Begriff des Geistes. Stuttgart.
Sacks, H. (1972) On the analyzability of stories by children. In: Gumperz, J.J./Hymes, D. (Hg.) Directions in Sociolinguistics. New York, 325-345.
Sacks, H. (1984) Notes on methodology. In: Atkinson, J.M./Heritage, J. (Hg.) Structures of social action. Cambridge, 21-27.
Sacks, H. (1987) On the preferences for agreement and contiguity in sequences in conversation. In: Button, G./Lee, J.R. (Hg.) Talk and social organisation. Philadelphia, 54-69.
Sacks, H./Schegloff, E.A./Jefferson, G. (1974) A simplest systematics for the organisation of turn-taking in conversation. In: Language 50 (4), 696-735.
Saville-Troike, M. (1989) The ethnography of communication. Oxford.
Schegloff, E./Sacks, H. (1973) Opening up Closings. In: Semiotica 8, 289-327.
Schegloff, E.A. (1968) Sequencing in conversational opening. In: American Anthropologist 70, 1075-1095.
Schegloff, E.A. (1972) Notes on conversational practice: Formulating place. In: Sudnow, D. (Hg.) Studies in social interaction. New York, 75-119.
Schegloff, E.A. (1980) Preliminaries to preliminaries – Can I ask you a question? In: Sociological Inquiry 50, 1021-1052.
Schegloff, E.A. (1982) Discourse as an interactional achievement – Some uses of ‚uh huh' and other things that come between sentences. In: Tannen, D. (Hg.) Analyzing discourse: Text and talk. Washington, D.C., 71-93.
Schegloff, E.A. (1984) On some questions and ambiguities in conversation. In: Atkinson, J.M./Heritage, J. (Hg.) Structures of social action. Studies in conversation analysis. Cambridge, 28-50.
Schegloff, E.A. (1991) Reflections on talk and social structure. In: Boden, D./Zimmermann, D.H. (Hg.) Talk and social structure. Berkeley, CA, 44-70.
Schegloff, E.A. (1992a) Repair after next turn. In: American journal of sociology 97 (5), 1295-1345.
Schegloff, E.A. (1992b) In another context. In: Duranti, A./Goodwin, C. (Hg.) Rethinking context. Cambridge, 191-228.
Schegloff, E.A. (1993) Reflections on quantification in the study of conversation. In: Research on language and social interaction 26 (1), 99-128.
Schegloff, E.A. (1996) Turn organization: one intersection of grammar and interaction. In: Ochs, E./Schegloff, E.A./Thompson, S. (Hg.) Interaction and grammar. Cambridge, 52-133.
Schegloff, E.A. (1997) Whose text? Whose context? In: Discourse & Society 8, 2, 165-187.

Schegloff, E.A./Jefferson, G./Sacks, H. (1977) The preference for self-correction in the organization of repair in conversation. In: Language 53, 361-382.
Schenkein, J. (1978) Sketch of an analytic mentality for the study of conversational interaction. In: Der (Hg.) Studies in the organization of conversational interaction. New York, 1-6.
Schiffrin, D. (1987) Discourse markers. Cambridge.
Schiffrin, D. (1994) Approaches to discourse. Oxford.
Schlobinski, P. (1996) Empirische Sprachwissenschaft. Opladen.
Schlobinski, P. (Hg.)(1997) Syntax des gesprochenen Deutsch. Opladen.
Schlobinski, P./Kohl, G./Ludewigt, I. (1993) Jugendsprache. Opladen.
Schmitt, R. (1992) Die Schwellensteher. Tübingen.
Schneider, W.L. (1994) Die Beobachtung von Kommunikation. Opladen.
Schneider, W.L. (1997) Die Analyse von Struktursicherungsoperationen als Kooperationsfeld von Konversationsanalyse, objektiver Hermeneutik und Systemtheorie. In: Sutter, T. (Hg.) Beobachtung verstehen, Verstehen beobachten. Opladen, 164-227.
Schütze, F. (1987) Das narrative Interview in Interaktionsfeldstudien I. Hagen.
Schwartz, H. (1976) Allgemeine Merkmale. In: Weingarten, E./Sack, F./Schenkein, J. (Hg.) Ethnomethodologie. Frankfurt am Main, 327-367.
Schwitalla, J. (1995) Kommunikative Stilistik zweier sozialer Welten. Berlin.
Schwitalla, J. (1997) Gesprochenes Deutsch. Berlin.
Selting, M. (1995) Prosodie im Gespräch. Tübingen.
Selting, M. (1996) On the interplay of syntax and prosody in the constitution of turn-constructional units and turns in conversation. In: Pragmatics 6,3, 357-388.
Selting, M. (i.Dr.) Probleme der Transkription verbalen und paraverbalen/prosodischen Verhaltens. In: Antos, G./Brinker, K./Heinemann, W./Sager F. (Hg.) Text und Gesprächslinguistik. 2.Halbband. Berlin.
Selting, M./Auer, P./Barden, B./Bergmann, J. et al. (1998) Gesprächsanalytisches Transkriptionssystem (GAT). In: Linguistische Berichte 173, 91-122.
Silverman, D. (1993) Interpreting qualitative data. London.
Silverman, D./Gubrium, J.F. (1994) Competing strategies for analyzing the contexts of social interaction. In: Sociological Inquiry 62, 2, 179-198.
Sinclair, J./Coulthard, R.M. (1975) Towards an analysis of discourse. London.
Spranz-Fogasy, T./Fleischmann, T. (1993) Types of dispute courses in family interaction. In: Argumentation 7, 221-235.
Spranz-Fogasy, T. (1997) Interaktionsprofile. Opladen.
Spranz-Fogasy, T./Deppermann, A. (i.Dr.) Teilnehmende Beobachtung in der Gesprächsanalyse. In: Antos, G./Brinker, K./Heinemann, W./Sager F. (Hg.) Text und Gesprächslinguistik. 2.Halbband. Berlin.
Stegmüller, W. (1983) Probleme und Resultate der Wissenschaftstheorie und analytischen Philosophie. Bd.1: Erklärung, Begründung, Kausalität. Berlin.
Strauss, A. (1991) Grundlagen qualitativer Sozialforschung. München.
Strauss, A./Corbin, J. (1996) Grounded Theory. Weinheim.
Svartvik, J./Quirk, R. (1980) A corpus of english conversation. Lund.
Texte gesprochener deutscher Standardsprache I-IV.(1971ff.) 4 Bde. München
Vater, H. (1994) Einführung in die Textlinguistik. München.
Wagener, P./Bausch, K.-H. (Hg.)(1997) Tonaufnahmen des gesprochenen Deutsch. Tübingen.
Whalen, J. (1995) A technology of order production: Computer-aided dispatch in public safety communications. In: Have, P. ten/Psathas, G. (Hg.) Situated order. Washington DC: International Institute for Ethnomethodology, 187-230.

Wootton, A.J. (1989) Remarks on the methodology of conversation analysis. In: Bull, D./Roger, D. (Hg.) Conversation. Clevendon, 238-258.

Zimmerman, D.H./Pollner, M. (1976) Die Alltagswelt als Phänomen. In: Weingarten, E./Sack, F./Schenkein, J. (Hg.) Ethnomethodologie. Frankfurt am Main, 64-102.

Anhang: Das gesprächsanalytische Transkriptionssystem GAT

(Selting et al. 1998)

Basistranskript

Sequenzielle Struktur/Verlaufsstruktur

[ ] [ ]	Überlappungen und Simultansprechen
=	schneller, unmittelbarer Anschluß neuer Beiträge oder Einheiten

Pausen

(.)	Mikropause
(-), (--), (---)	kurze, mittlere, längere Pausen von ca. 0.25-0.75 Sek.; bis ca. 1 Sek.
(2.0)	Pause von mehr als ca. 1 Sek. Dauer

Sonstige segmentale Konventionen

un=äh	Verschleifungen innerhalb von Einheiten
:, ::, :::	Dehnung, Längung, je nach Dauer
äh, öh, etc.	Verzögerungssignale, sog. „gefüllte Pausen"
'	Abbruch durch Glottalverschluß

Lachen

so(h)o	Lachpartikeln beim Reden
haha hehe hihi	silbisches Lachen
((lacht))	Beschreibung des Lachens

Rezeptionssignale

hm, ja, nein, nee	einsilbige Signale
h=hm, ja=a, nei=ein	zweisilbige Signale
'hm'hm	mit Glottalverschlüssen, meistens verneinend

Akzentuierung

akZENT	Primär- bzw. Hauptakzent
ak!ZENT!	extra starker Akzent

Tonhöhenbewegung am Einheitenende

?	hoch steigend
,	mittel steigend
–	gleichbleibend
;	mittel fallend
.	tief fallend

Sonstige Konventionen

((hustet))	para-/außersprachliche Handlungen/Ereignisse
<<hustend> >	sprachbegleitende para- und außersprachliche Handlungen und Ereignisse mit Reichweite
<<erstaunt> >	interpretierende Kommentare mit Reichweite
( )	unverständliche Passage je nach Länge
(solche)	vermuteter Wortlaut
al(s)o	vermuteter Laut oder Silbe
(solche/welche)	Alternative Vermutungen
((...))	Auslassung im Transkript
—>	Hinweis auf im Text diskutierte Transkriptzeile

Feintranskript

Akzentuierung

akZENT	Primär- bzw. Hauptakzent
akzEnt	Sekundär- bzw. Nebenakzent
ak!ZENT!	extra starker Akzent

Intralineare Notation von Akzenttonhöhenbewegungen

`SO	fallend
´SO	steigend
¯SO	gleichbleibend

´`SO	steigend-fallend
`´SO	fallend-steigend
↑`SO bzw. ↓´SO	auffallend hohe bzw. tiefe Tonhöhensprünge zum Gipfel bzw. Tal der Akzentsilbe
↑⁻SO bzw. ↓⁻SO	Tonhöhensprünge zu auffallend höheren bzw. tieferen Akzenten

Auffällige Tonhöhensprünge

↑	nach oben
↓	nach unten

Verändertes Tonhöhenregister

<<t>	>	tiefes Tonhöhenregister
<<h>	>	hohes Tonhöhenregister

Lautstärke- und Sprechgeschwindigkeitsveränderungen

<<f>	>	forte, laut
<<ff>	>	fortissimo, sehr laut
<<p>	>	piano, leise
<<pp>	>	pianissimo, sehr leise
<<all>	>	allegro, schnell
<<len>	>	lento, langsam
<<cresc>	>	crescendo, lauter werdend
<<dim>	>	diminuendo, leiser werdend
<<acc>	>	accelerando, schneller werdend
<<rall>	>	rallentando, langsamer werdend

Ein- und Ausatmen

.h, .hh, .hhh	Einatmen, je nach Dauer
h, hh, hhh	Ausatmen, je nach Dauer

Sachregister

abweichende Fälle 97, 99-101
Akzente 43f., 47, 57, 120f.
Anonymisierung (Maskierung) 31f.
Aufnahmequalität (Datenqualität) 21, 24-28, 32, 35, 105f.
Aufnahmetechnik (Aufzeichnungstechnik) 21, 26f.
Äußerungsgestaltung 49-75, 82-84, 90, 92, 101

Beobachterparadox 24f., 84f., 106
Beteiligungsrolle 16, 23, 71, 76, 78, 98
Beziehungen, soziale 9, 23

Datenerhebung 11, 22-25, 29, 87, 105f.
Datenschutz 22, 27, 31, 40
Details (Detaillierung, Detail, detailliert) 10, 21, 28, 32, 35, 37f., 40, 46-48, 51-78, 80, 85, 89, 93, 95f., 106f., 110
Dialekt 24, 32, 39, 42, 47, 57f.
Discursive psychology 10, 16
Display 50-52, 106

Emisch 22
Empirieverständnis (Empirie) 7, 10f., 19, 21f., 59, 85, 95
Erkenntnisinteresse 19, 36, 46, 54, 60, 105
Erwartungen (normative Erwartungen, Folgeerwartungen) 19, 40, 49, 55, 62f., 68-70, 72f., 75, 83, 87, 89, 91f., 100
Erzählen (Erzählung) 9, 20, 52f., 59, 63, 65, 69, 72, 98
Ethnographie (Feldforschung, ethnographisch, Feldzugang) 10f., 15-17, 22-24, 26, 66, 86f., 89f., 101, 106f.
Eplikation 10f., 40, 55f., 80, 82, 88f., 96, 108

Fallvergleich (Fallübergreifende Analyse) 49, 51, 79f., 84, 93-103, 107-110
Feldforschung s. Ethnographie
Form 9, 14-17, 23, 44, 48-50, 58-60, 64, 80, 84, 89, 97-99, 103
Formulierungsdynamik 54, 56-61, 72
Forschungsfrage s. Untersuchungsfrage 13, 18-20, 25f., 29, 32, 35-37, 39, 47f., 52, 54-56, 89f., 93f.
Forschungsprozeß 10, 12, 36, 70, 93, 107
Funktion (funktionale Analyse; funktionale Erklärung) 10, 14-17, 47-49, 52f., 56f., 59, 63, 66, 79-84, 91, 99

Gegenstandskonstitution 20, 22, 85, 94-96
Generalisierung (Generalisierbarkeit, generalisierbar) 10f., 25, 52, 94, 105, 108-110
Gesprächsinventar (Inventar; Inventarisierung) 29, 31-35, 52, 95
Gesprächspraktik (Praktik) 9-11, 15-17, 22, 38, 49, 51-53, 59, 66, 79-84, 87, 90-103, 107-109
Grammatik (grammatisch; Syntax, syntaktisch) 13, 15, 29, 39, 42f., 49, 57, 59, 64f., 95, 98
Gütekriterien 24, 105-110
Grounded theory 10

Handeln ((Handlungs-)beschreibung, Pragmatizität, Pragmatik) 8-11, 17, 20f., 24, 26, 35, 49-62, 79-84
Handlungsschema 53, 63, 65, 76, 79
Heuristik 50, 54, 93
Hintergrundwissen 23, 64f., 84-90
Hypothesentestung 102f.

Identität 9, 31, 85, 88
Indexikalität (indexikalisch) 56

123

Inferenz (inferieren) 11, 64, 91-94, 101
Institutionelle Kommunikation (Institutionelle Interaktion, institutioneller Kontext) 16f., 49, 76
Interaktionale Soziolinguistik 10, 41
Interaktionsaufgabe (Interaktionsproblem) 16, 75-78, 81, 94f., 98, 100, 107, 109
Interaktive Konsequenzen (Reaktionen, Konsequenzen) 8, 25, 47, 51, 55, 57f., 62, 69-75, 79-83, 100f.
Interpretation 14, 16, 21, 28, 35, 40f., 43, 47f., 50f., 54, 57, 69, 89f., 94
Interview 23, 27, 36, 65, 87, 99, 106
Intersubjektivität 49, 73f.
Intonation 43f., 48, 57, 66, 86, 93, 95

Kollektion von Fällen (Kollektion) 37, 52, 95f.
Kommunikative Gattung (Genre) 16, 49
Kommuniktionsereignis 16
Konstitution (konstituieren; Konstitutivität; Interaktionskonstitution) 8-10, 18, 21f., 50, 65, 79f., 91, 95f., 98
Kontext (kontextspezifisch, kontextabhängig, Kontextwissen, Situation) 14-16, 22, 25, 36, 41, 47, 49, 55, 58, 62-68, 82, 87-90, 94f., 97f., 100-103, 107
kontextfrei (kontextunabhängig) 18, 94, 98
Kookkurrenz 97, 103
Korpora 29

Lautstärke 43, 57, 121

Macht 9, 15f., 60, 71, 79, 89, 101
Makroprozesse 55, 75-78, 108
Marginale Fälle 97-99, 103
Modalität 9, 58
Natürlichkeit (natürliche Daten) 24-26, 36, 52, 85, 106
nonvokale Kommunikation (nonverbale Kommunikation) 45f., 57, 60-62

Offenheit 19, 86

Paraphrase (Paraphrasierung) 7, 32, 41, 51, 54-56, 64, 71
Pausen (Schweigen) 27, 40, 43, 57, 61f., 119
Phonetik (phonetisch) 13, 42, 44, 57
Prosodie 15, 43, 57, 66
Procedural consequenciality 70, 88, 107

Prozeß (Prozessualität, prozessual) 8, 17, 45, 49, 54f., 75-78, 91, 94, 107f.

Quantitative Untersuchung (Quantifikation/Quantifizieren/quantitative Sozialforschung/Statistik/statistisch) 11f., 18, 28, 68f., 107-109

Reaktionen s. interaktive Konsequenzen
Rekonstruktion (rekonstruktiv) 10, 19, 49-51, 53, 63, 66, 69f., 78f., 82, 90
Relevanz 23, 25, 43, 47, 50f., 68, 70, 73, 76, 89-91, 105
Reparatur (Reparatursequenzen; Reparaturverfahren, Korrektur) 15, 71, 75, 77, 88, 97, 99-101, 103
Ressource 9, 16f., 49f., 70, 72, 79f., 84-94
Rhythmus 44, 47, 51, 61

Schweigen s. Pausen
Selektion 21, 31, 35-38, 52, 90f.
Semantische Analyse (Semantik, semantische Explikation) 55-57, 86, 102
Sequenzialität (Sequenz; Sequenzanalyse; sequentielle Organisation, sequentielle Ordnung) 17f., 49f., 52-78, 80-82, 84, 92f., 95, 98, 110
Sequenzmuster 55, 75-78
Situation s. Kontext
Soziodemographische Daten 24
Sprecherwechsel (Gesprächsorganisation) 9, 14f., 43, 58f., 61f., 81, 98f., 102
Sprechgeschwindigkeit (Tempo) 43f., 57f., 61, 121
Stimmqualität (Stimmodulation) 44, 48, 57
strategische Interaktion (strategische Nutzung) 97, 101, 103
strukturelle Beschreibung 52f., 65

teilnehmende Beobachtung 22f., 87
Thema 32, 36f., 58
theoretical sampling 29, 95
Timing 54, 61f., 82
Tonaufnahme (Tonband, Tonbandaufnahme) 25, 106
Transkription (Transkript) 11, 20, 27, 31f., 35, 37, 39-49, 51-54, 86, 95, 106-108, 119-121
Transkriptionssysteme (Transkriptionskonventionen) 29, 41
Tyologie 37, 49, 94, 98f., 108

Untersuchungsfrage(stellung); Forschungsfrage(stellung), Untersuchungsziel) 11, 13, 18-20, 25f., 29, 31f., 35-38, 47f., 52-56, 89f., 93f.

Validität 47, 105-107
Varianten einer Gesprächspraktik (Varianz, Varianten) 31, 38, 73, 92-95, 97f., 108
Variationstechniken (Variation, Variationsverfahren) 10, 29, 49, 84-94, 109

Videoaufnahme (Video, AV-Aufnahme) 13, 21f., 24-29, 32, 45, 49
Vorannahmen 19f.

Warum-Fragen (Warum) 14, 28, 37, 56, 69, 84
Wie-Fragen (Wie) 9f., 14, 20, 22, 28, 79-84, 88, 92, 98
Wozu-Fragen (Wozu) 10, 14, 20, 54, 79-84

Zeitlichkeit (zeitlich) 8, 17, 21, 49, 57, 61f., 68, 75

Theorie

Dirk Baecker (Hrsg.)
Schlüsselwerke der Systemtheorie
2005. 352 S. Geb. EUR 24,90
ISBN 978-3-531-14084-1

Ralf Dahrendorf
Homo Sociologicus
Ein Versuch zur Geschichte, Bedeutung und Kritik der Kategorie der sozialen Rolle
16. Aufl. 2006. 126 S. Br. EUR 14,90
ISBN 978-3-531-31122-7

Shmuel N. Eisenstadt
Die großen Revolutionen und die Kulturen der Moderne
2006. 250 S. Br. EUR 34,90
ISBN 978-3-531-14993-6

Shmuel N. Eisenstadt
Theorie und Moderne
Soziologische Essays
2006. 607 S. Geb. EUR 49,90
ISBN 978-3-531-14565-5

Axel Honneth / Institut für Sozialforschung (Hrsg.)
Schlüsseltexte der Kritischen Theorie
2006. 414 S. Geb. EUR 29,90
ISBN 978-3-531-14108-4

Niklas Luhmann
Beobachtungen der Moderne
2. Aufl. 2006. 220 S. Br. EUR 24,90
ISBN 978-3-531-32263-6

Uwe Schimank
Differenzierung und Integration der modernen Gesellschaft
Beiträge zur akteurzentrierten Differenzierungstheorie 1
2005. 297 S. Br. EUR 27,90
ISBN 978-3-531-14683-6

Uwe Schimank
Teilsystemische Autonomie und politische Gesellschaftssteuerung
Beiträge zur akteurzentrierten Differenzierungstheorie 2
2006. 307 S. Br. EUR 29,90
ISBN 978-3-531-14684-3

Ilja Srubar / Steven Vaitkus (Hrsg.)
Phänomenologie und soziale Wirklichkeit
Entwicklungen und Arbeitsweisen
2003. 240 S. Br. EUR 25,90
ISBN 978-3-8100-3415-1

Erhältlich im Buchhandel oder beim Verlag.
Änderungen vorbehalten. Stand: Januar 2008.

www.vs-verlag.de

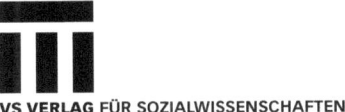
VS VERLAG FÜR SOZIALWISSENSCHAFTEN

Abraham-Lincoln-Straße 46
65189 Wiesbaden
Tel. 0611.7878-722
Fax 0611.7878-400

MIX
Papier aus verantwortungsvollen Quellen
Paper from responsible sources
FSC® C105338

If you have any concerns about our products,
you can contact us on
ProductSafety@springernature.com
In case Publisher is established outside the EU,
the EU authorized representative is:
**Springer Nature Customer Service Center GmbH
Europaplatz 3, 69115 Heidelberg, Germany**

Printed by Libri Plureos GmbH
in Hamburg, Germany